Einmal Meutechef und zurück

Mit mehreren Hunden leben

Patricia B. McConnell
Karen B. London

W0393519

KYNOS VERLAG

Titel der englischen Originalausgabe: *Feeling Outnumbered? How to Manage and Enjoy Your Multi-Dog Household*

© 2001 by Dog's Best Friend, Ltd., USA

Aus dem Englischen übertragen von Gisela Rau

Titelbild: Kynos Verlag

© 2008 für die deutsche Ausgabe
KYNOS VERLAG Dr. Dieter Fleig GmbH
Konrad-Zuse-Straße 3 • D – 54552 Nerdlen / Daun
Telefon: +49 (0) 6592 957389-0
Telefax: +49 (0) 6592 957389-20
http://www.kynos-verlag.de

Gedruckt in Hong Kong

ISBN 978-3-938071-51-9

Das Werk einschließlich aller seiner Teile ist urheberrechtlich geschützt. Jede Verwertung außerhalb der engen Grenzen des Urheberrechtsgesetzes ist ohne schriftliche Zustimmung des Verlages unzulässig und strafbar. Das gilt insbesondere für Vervielfältigungen, Übersetzungen, Mikroverfilmungen und die Einspeicherung und Verarbeitung in elektronischen Systemen.

Als der junge Mann mit seinen vier American Eskimo Dogs draußen unterwegs war, überholte er einen Vater, der seine beiden Zwillingstöchter im Kinderwagen vor sich herschob und von zwei Golden Retrievern begleitet wurde. Beide Männer sahen sich in einem kurzen Moment des gegenseitigen Verständnisses und der Bewunderung an, bis der Vater witzelte: »Vier von der gleichen Sorte sind sicher noch schlimmer als zwei Paar, oder?«

EINLEITUNG

Menschen, die mehr als einen Hund besitzen, gehören einem ganz speziellen Klübchen an, dessen Mitglieder alle einige unumstößliche Weisheiten kennen. Zum Beispiel die, dass zwei Hunde mehr als doppelt so viel Arbeit machen wie ein Hund und drei ungefähr so viel, wie man von sieben erwarten würde. Vermutlich haben sie aber ebenso festgestellt, dass sich die Freude schneller vervielfacht als die Arbeit und dass »mehr« tatsächlich auch »lustiger« bedeuten kann. Tatsächlich können sich manche Menschen nicht vorstellen, nur einen einzigen Hund zu haben – wie leer wären dann Haus, Hof, Auto und Herz!

In diesem Büchlein geht es darum, wie Sie die Freude am Leben mit mehr als einem Hund maximieren können. Es wird Ihnen einige konkrete, praktische Ideen vermitteln, wie Ihre Hunde Ihnen noch mehr Freude bereiten können. Egal, ob Sie nach Tipps suchen, wie Sie ein bisschen mehr

Ordnung in das hündische Chaos bei sich zuhause bringen können oder ob Sie versuchen, bestehende Spannungen zwischen zwei oder mehr Hunden in Ihrem Rudel abzubauen: Dieses Büchlein kann Ihnen helfen. Aus einigen Abschnitten hätten ohne Mühe eigene Bücher werden können, weshalb wir Ihnen unbedingt raten, zu den Themen, die für Ihr eigenes Rudel besonders wichtig sind, eingehendere Literatur zu lesen. Einige Empfehlungen dazu finden Sie im Anhang. Betrachten Sie dieses kleine Buch als kurz gefassten Einstiegsratgeber – als Eckdaten zum Multi-Hundetum!

Unsere eigene Philosophie in unserem Verhaltensberatungs-Unternehmen »Dog's Best Friend Ltd.« weicht von dem üblichen Rat ab, den man meist für Haushalte mit mehreren Hunden erteilt und demzufolge man den ranghöchsten Hund in seiner Position unterstützen müsse, indem man ihn stets zuerst füttert, streichelt und so weiter. Stattdessen bringen wir allen unseren Hunden bei, stets höflich, geduldig und respektvoll zu sein und tolerieren weder Kämpfe noch, dass sie »etwas untereinander ausmachen«. Wir bringen Hundegruppen gerne ganz bestimmte Aktivitäten bei, die der Harmonie in einem Mehrhunde-Haushalt dienlich sind.

Die von uns beschriebenen Techniken und Ansichten haben schon vielen unserer Kunden geholfen und wir hoffen, dass sie auch Ihnen helfen werden – egal, was in Ihrem Rudel vorgeht. Viele von uns müssen in erster Linie nur das Chaos in den Griff bekommen, das immer dann entsteht, wenn mehrere Hunde einen Gast begrüßen. Andere müssen dafür sorgen, dass die zwischen zwei oder mehr Hunden bestehende Spannung nicht eskaliert.

Bitte bedenken Sie aber immer: Wenn das Risiko besteht, dass Ihre Hunde untereinander ernsthafte Aggressionen zeigen könnten, dann raten wir Ihnen sehr dringend, sich an einen erfahrenen Trainer oder Verhaltenstherapeuten zu wenden. Ein schmales Büchlein kann niemals ein potenziell lebensbedrohliches Problem lösen! Das Beste in einem solchen Fall ist immer, sich professionelle Hilfe für die Einschätzung der Situation und den Entwurf eines Behandlungsplans zu holen.

Oft geht es in Mehrhundehaltungen aber gar nicht um ernsthafte Aggression, sondern eher darum, dass die Hunde einfach zügellos sind und schlicht lernen müssen, höflicher zu sein. Allzu oft bekommen ausgerechnet die Hunde, die am meisten drängeln, das was sie möchten – und das auch noch als erste und schneller. So wird eine Hundegesellschaft gefördert, in der der Einzelne gewinnt, wenn er rücksichtlos drängelt und verliert, wenn er höflich und zurückhaltend ist. Wenn Ihre Hunde lernen, dass sie im Leben »gewinnen« können, indem sie sich vordrängeln, dann werden Sie bald ein Rudel haben, mit dem das Zusammensein keinen sehr großen Spaß macht. Lernen sie hingegen, dass Höflich- und Geduldigsein zu Spielsachen, Futter und Spaß führen, wird das Leben in Ihrem Haus mit großer Wahrscheinlichkeit sehr viel angenehmer. In manchen Fällen kann diese Strategie auch helfen, das Potenzial für ernsthafte Aggressionsprobleme zwischen den Hunden Ihres Rudels zu verringern.

Das Hauptthema dieses Büchleins ist deshalb, wie Sie Ihren Hunden beibringen, höflich und geduldig anstatt rüpelhaft und fordernd zu sein. Die darin enthaltenen Ideen und Strategien sind nicht als schnelle Universalkur bei allen möglichen Problemen gedacht, sondern möchten Ihnen dabei helfen, Ihre Hunde so zu erziehen, dass das Zusammenleben mit ihnen mehr Spaß macht.

DAS FUNDAMENT WIRD GELEGT

Arbeiten Sie mit jedem Hund einzeln

Mit Ihnen ganz allein verbrachte Zeit ist für Ihren Hund eine große Bestärkung. Sie wird auch viel dazu beitragen, dass er dann auf Sie achtet, wenn Sie das möchten. Die meisten Hunde sehnen sich nach Ihrer vollen, ungeteilten Aufmerksamkeit. Das mag zwar vielleicht offensichtlich erscheinen, aber wir müssen es hier einfach erwähnen. Sobald Sie mehrere Hunde besitzen, passiert es nämlich nur zu leicht, dass Sie diese eher als Gruppe anstatt als Einzelwesen behandeln. Wenn einer Ihrer Hunde aber keine sozusagen »private« Beziehung zu Ihnen hat, dann wird er seine wichtigen Beziehungen eben zu den anderen Hunden des Rudels knüpfen. Immerhin sprechen Hunde von Natur aus »hündisch« und nicht deutsch, weshalb es für sie wesentlich einfacher und schneller ist, mit anderen Hunden zu kommunizieren als mit Menschen – selbst wenn dieser Mensch sie so sehr liebt, wie Sie das tun. Denken Sie immer daran, wenn Sie mit Ihren Hunden kommunizieren: Sie sprechen mit einem ziemlich heftigen Akzent und es kostet Ihren Hund eine Menge Anstrengung, Sie zu verstehen.

Wenn Sie mit jedem Ihrer Hunde allein wirklich wertvolle Zeit verbringen, in der Sie ihm Ihre ungeteilte Aufmerksamkeit schenken, tun Sie viel dafür, dass er sich Ihnen verbunden fühlt und bereit ist, das zu tun, was Sie von ihm möchten. So sehr Sie Ihr großes, munteres Rudel auch mögen – einige der schönsten Momente mit Ihren Hunden werden Sie vermutlich dann erleben, wenn Sie mit ihnen einzeln zusammen sind.

Arbeiten Sie immer dann einzeln mit jedem Hund, wenn Sie ein neues Verhalten trainieren möchten. Andere Hunde in der Nähe bedeuten für Sie und Ihren Hund viel zu viel Ablenkung, wenn Sie sich auf etwas zu konzentrieren versuchen. Hundeerziehung verlangt immer vollste Konzentration, damit Ihre Signale und Ihr Timing präzise sein können. Es ist einfach zu schwierig, Ihrem »Schülerhund« einhundert Prozent Ihrer Aufmerksamkeit zu widmen, wenn noch andere Hunde mitmischen.

Machen Sie es selbst nicht schwer, indem Sie etwas Neues ausgerechnet in einer Situation mit vielen Ablenkungen ausprobieren. Und das ist mit Sicherheit der Fall, wenn ein weiterer Hund anwesend ist. Verfrachten Sie Ihre übrigen Hunde also in einen anderen Raum, draußen auf den Hof, wenn sie dort sicher aufgehoben sind, in das Auto, wenn es nicht zu warm ist oder schicken Sie Ihren Partner mit ihnen spazieren – jeder sichere Ort ist gut, Hauptsache, weit genug weg von Ihnen und dem Hund, den Sie gerade trainieren.

Sobald Ihr Hund eine neue Aufgabe in Situationen ohne Ablenkung erfüllen kann, beginnen Sie, in Anwesenheit eines weiteren Hundes mit ihm zu üben. Bauen Sie die Situation wieder so auf, dass der Erfolg fast sicher ist. Das heißt konkret: Berücksichtigen Sie in Ihren Erwartungen, dass die Aufgabe für den Hund viel schwieriger wird, wenn noch andere Hunde mit dabei sind. Wenn Sie zum Beispiel ein »Bleib« von 45 Sekunden Dauer im Training ohne Ablenkungen erreicht haben, dann verlangen Sie in Anwesenheit eines zweiten Hundes anfangs vielleicht wieder nur fünf Sekunden »Bleib«. »Parken« Sie den zweiten Hund beim ersten Mal hinter einem Tor, an der Leine, einer zweiten Person oder in einem »Bleib«, wenn er das schon verlässlich kann, solange Sie mit Ihrem Schüler auf vier Pfoten arbeiten.

Bringen Sie immer nur ein weiteres Rudelmitglied mit hinzu und lassen Sie die anderen Hunde während der Trainingseinheiten nur allmählich immer etwas aktiver werden. Dieser Rat mag Ihnen vielleicht ein wenig zu einfach erscheinen, aber nur weil etwas einfach ist, ist es deshalb noch lange nicht leicht! Mit mehreren Hunden wird es eine ganz schön mühevolle Aufgabe für Sie, Zeit mit jedem einzelnen von ihnen zu verbringen – ungefähr so, als müssten Sie gegen eine starke Strömung schwimmen. Auf lange Sicht lohnt sich aber die Anstrengung. Und letzten Endes: Wenn Ihr Hund nicht auf Sie hört, solange Sie beide alleine sind, können Sie auch nicht erwarten, dass er auf Sie achtet, wenn der Rest des Rudels dabei ist.

Vertiefen Sie den Grundgehorsam

Egal, ob Sie zwei oder ein Dutzend Hunde haben: Ein solider Grundgehorsam ist fundamentaler Bestandteil eines glücklichen Mehrhunde-Haushaltes. Alle Ihre Hunde müssen lernen, welches Verhalten angebracht und welches nicht akzeptabel ist. Dabei ist am wichtigsten: Jeder Hund muss wissen, dass es stets in seinem besten eigenen Interesse ist, wenn er das tut, was Sie von ihm verlangen. Arbeiten Sie im Training so, dass es eine möglichst klare Kommunikation zwischen Ihnen und Ihren Hunden gibt. Der Hund kann nur gewinnen, wenn er das Gewünschte tut und nur verlieren, wenn er Sie ignoriert. Um ein Rudel unter Kontrolle zu bringen, das zu »unkontrolliertem Stürmischsein« neigt, hilft es, wenn jeder einzelne Hund neben seinem Namen ein Signal wie »Falsch« oder »Nein« kennt, das keine Strafe ist, sondern eher eine Anweisung, mit dem aufzuhören, was er gerade aktuell tut. Außerdem werden Sie es niemals bereuen, wenn alle Ihre Hunde wirklich felsenfest verlässlich nur ein paar wenige wichtige Grundkommandos beherrschen – Hier, Sitz oder Platz und Bleib. Wir empfehlen Ihnen dazu das Lesen eines Erziehungsbuches, das auf dem Wissen über Hundeverhalten beruht und mit positiven Trainingsmethoden arbeitet. Ob Sie dazu mit Klicker, Markerwörtern wie »Ja« oder »Gut« oder mit Locken und Belohnen arbeiten, ist nicht so wichtig, Hauptsache, Sie lernen, wie Sie positive Bestärkung zur Hundeerziehung einsetzen können. Im Anhang finden Sie unsere Buchempfehlungen dazu.

Wie, und das ist alles, fragen Sie jetzt? Habe ich dieses Buch etwa nur gekauft, um gesagt zu bekommen, dass meine Hunde besser erzogen sein werden, wenn ich sie erziehe? Natürlich ist Ihnen ohnehin schon klar, dass Erziehungsarbeit sich lohnt und gut investierte Zeit ist. Ein Teil, der die Kunst der Hundeerziehung ausmacht, ist aber auch, sich für bestimmte Schwerpunkte zu entscheiden – und dieses Buch möchte Ihnen helfen, Prioritäten zu setzen. Damit das Training so erfolgreich wie möglich wird, müssen Sie so viel mit Ihren Hunden arbeiten, dass sie die Grundkommandos wirklich *beherrschen*. Es kann zwar sehr wertvoll sein, viele verschiedene Kommandos zu kennen, aber wenn Ihre Hunde ein paar wenige Grundkommandos wirklich sicher ausführen können, werden Sie mit so gut wie jeder Situation umgehen können, die Ihnen das Leben bescheren könnte.

Es ist ein Riesenunterschied, ob man ein Kommando einfach nur *kennt* oder ob man es wirklich *beherrscht*. Viele Tennisspieler wissen zum Beispiel ganz genau, wie ein perfekter Aufschlag geht, aber bekommen ihn überhaupt nicht mehr hin, wenn sie abgelenkt oder nervös sind oder wenn das Publikum dem Gegner zujubelt. Ihre Hunde müssen dann tun, was Sie von ihnen verlangen, wenn sie gerade hysterisch bellend an der Haustür stehen – und nicht nur dann, wenn Sie mit ihnen in einer Situation ohne Ablenkungen alleine sind. Genauso ist es ein wunderbarer Anfang, wenn Ihr Hund auf Zuruf bei Ihnen im Garten und ohne weitere Ablenkung kommt. Aber kommt er auch, wenn ein anderer Hund ihn gerade zum Spielen auffordert?

Um ein Kommando zu beherrschen, müssen Sie so lange daran arbeiten, bis die Reaktion sowohl bei Ihnen als auch bei Ihrem Hund automatisch kommt. Das geht nur mit Übung, Übung und nochmals Übung. Die gute Nachricht dabei ist, dass Sie nicht sehr lange üben müssen. Schon ein paar kurze Übungseinheiten pro Tag, die jeweils nur fünf oder fünfzehn Sekunden dauern, können enorm hilfreich sein. Wiederholung kann sehr hilfreich sein, wenn Sie mit dem Training beginnen.

Verlangen Sie in den ersten »Sitzungen« also das Neue vier- oder fünfmal hintereinander. Sobald der Hund verstanden hat, worum es geht, reicht es zur Übung, das Neue mehrmals täglich ein- oder zweimal hintereinander zu verlangen. Übertreiben Sie es nicht mit den Wiederholungen, damit es für den Hund nicht langweilig oder verwirrend wird.

Ihre Hunde werden am meisten lernen und dabei am meisten Spaß haben, wenn Sie genau wissen, wofür sie am liebsten zu arbeiten bereit sind. Die Herausforderung für Sie besteht also darin, zu erraten, was die wahren Leidenschaften Ihrer Hunde sind. Viele lassen sich mit Futter motivieren, besonders, wenn es etwas wirklich Gutes ist – Käse, Hühnchen, Steak oder gekochte Karotten – und nicht nur langweiliges Trockenfutter. Andere Hunde wiederum tun fast alles für Tennisbälle, Quietschspielzeuge, eine Bauchmassage, einen Knochen oder einfach eine Runde »Fang-mich-doch«.

Die besten Ergebnisse erzielen Sie, wenn Sie verschiedene Arten der Bestärkung mischen. So lernt Ihr Hund, dass es angenehme Folgen hat, wenn er tut, was Sie sagen – aber es ist immer mit einer Überraschung verbunden, weil er nicht genau weiß, wie die Belohnung aussehen wird. Lassen Sie ihn im Ungewissen, das erhöht die Spannung!

Nachdem Sie ein neues Kommando mehrmals in kurzen Übungseinheiten ohne besondere Ablenkung geübt haben, steigern Sie nun ganz allmählich die Stärke der Ablenkungen. Gehen Sie nicht von einem in der Küche geübten

»Sitz-Bleib« zur gleichen Übung auf der Hundewiese und mit dem ganzen Rudel auf einmal über.

Zwischen den ersten Übungslektionen eines Kommandos wie »Hier!« und dem tatsächliche Einsatz dieses Kommandos im Chaos des Alltags liegen mindestens fünfzig Zwischenschritte, wobei jeder Schritt einen etwas höheren Schwierigkeitsgrad für Ihren Hund darstellt. Im Haus auf »Hier!« zu kommen, wenn Sie mit der Hundekeksdose klappern, könnte zum Beispiel Schritt 3 sein, aber auch aus einem gerade miteinander Ball spielenden Rudel heraus zu Ihnen zu kommen, wäre vielleicht Schritt Nummer 48. Gute Trainer überlegen immer ganz genau, wie schwierig es wohl für den Hund sein wird, eine Anforderung zu erfüllen und bauen ihre Arbeit immer so auf, dass vom Hund niemals etwas verlangt wird, das über seine Fähigkeiten hinausgeht. Oder würden Sie von Musikern, die noch nie öffentlich aufgetreten sind, erwarten, dass sie in der New Yorker Carnegie Hall eine tolle Leistung zeigen? Jeder Trainer weiß, wie wichtig es ist, einen Hund für einen Wettkampf oder eine Ausstellung vorher in Situationen mit steigender Ablenkung sicher zu machen, aber irgendwie scheint es nicht intuitiv klar zu sein, wie viel von diesem »Sichermachen« auch zuhause nötig ist. Weil das Alltagsleben in einem Haushalt mit mehreren Hund nun einmal zwangsweise ständig voll von Ablenkungen für jeden Hund ist, ist das »Sichermachen« so besonders wichtig. Der Schlüssel zu allem ist: Sorgen Sie dafür, dass der Hund Ihrem Wunsch nachkommen *kann* und das dann auch *gerne* tut.

Führen Sie einen Gruppennamen ein

Wenn Sie viele Hunde haben, ist es sehr hilfreich, wenn Sie die Aufmerksamkeit von allen gleichzeitig auf sich ziehen können. Bringen Sie deshalb allen Ihren Hunden eine Sammelbezeichnung wie »Hunde« bei – oder sagen Sie meinetwegen »Jungs« oder »Fellnasen« wenn Sie mögen – schließlich soll es ja Spaß machen, mehr als einen Hund zu besitzen.

Bringen Sie jedem Hund bei, aufmerksam zu sein, wenn Sie »Hunde« sagen, indem Sie dieses Wort aussprechen und dann jedem Hund, der Sie daraufhin ansieht, ein Leckerchen geben. Eine Sammelbezeichnung für alle Hunde zu haben ist ebenso praktisch, wie Ihre Kinder mit »Kinder, Abendessen!« rufen zu können anstatt »Emmy ... Anna ... Thomas ... Abendessen!«

Vielleicht wäre es für Sie sogar nützlich, Sammelbezeichnungen für verschiedene Untergruppen Ihres Rudels zu haben. Überlegen Sie, welche Untergruppen das in Ihrem Fall sein könnten, aber unterschätzen Sie nicht die Fähigkeit Ihrer Hunde, auch die Gruppennamen für andere zu verstehen!

Das Leben ist nunmal nicht immer fair

Im Grunde möchten wir alle immer freundlich und liebevoll zu allen unseren Hunden sein und es ihnen so schön wie nur irgend möglich machen. Manche Menschen glauben, das würde bedeuten, alle Hunde jederzeit gleich zu behandeln, um so fair wie möglich zu sein. Wenn man so denkt, würde das zum Beispiel bedeuten: Wenn ein Hund eine in Käse verpackte Tablette bekommt, bekommen alle anderen Hunde auch ein Leckerchen. ABER: Wenn Hunde niemals sehen und erleben, dass andere Hunde etwas bekommen und sie nicht, können sie lernen, es sehr schlecht zu tolerieren, wenn sie nicht immer das bekommen, was sie möchten.

Einem Hund immer und ständig das zu geben was er möchte, macht ihn nicht zwingend glücklich. Was er auf kurze Sicht dringend haben möchte, muss auf lange Sicht nicht immer gut für ihn sein! Wenn Sie Ihre Hunde wirklich lieben, dann widerstehen Sie der Versuchung, jedem ihrer Wünsche nachzugeben, wenn Sie flehend angesehen werden.

Die Vorstellung mag seltsam erscheinen, aber ein Weg zur Schaffung eines harmonischen Rudels besteht darin, sich von der Idee der Gleichheit zu verabschieden. Dafür gibt es mindestens zwei Gründe.

Erstens: Wenn Sie versuchen, alle Ihre Hunde jederzeit gleich zu behandeln, ist das nicht nur ein unmöglich zu erreichendes Ziel, sondern gerät auch mit Ihrer Fähigkeit in Konflikt, jeden Hund als Einzelwesen zu behandeln. Als Individuen haben alle Ihre Hunde unterschiedliche Bedürfnisse nach Aufmerksamkeit, Bewegung, Futter, Training, Spiel und nach der Art der Regeln, die sie beachten müssen, um vollwertige Hundebürger zu sein. Davon abgesehen erwarten Ihre Hunde auch gar nicht, dass das Leben immer fair sein muss. Diese Vorstellung ist kein Teil ihrer natürlichen Entwicklungsgeschichte – Hunde haben kein Problem mit dem Konzept von Unterschieden.

Zweitens, und das ist vielleicht noch wichtiger: Hunde müssen genau wie Menschen lernen, mit der Frustration umzugehen, die daraus entsteht, dass sie nicht jederzeit das bekommen können, was sie gerade möchten. Das ist einfach Teil der Lebensrealität, und wir alle, Hunde eingeschlossen, müssen lernen, das zu akzeptieren.

Hunde sind zur Produktion der gleichen Wutanfälle imstande wie Kleinkinder (und manche Erwachsene!) – nur mit dem Unterschied, dass sie nicht rot anlaufen, auf den Boden stampfen und schreien, sondern ihre Frustration oft an einem anderen Hund auslassen, der zufällig gerade in der Nähe ist. Tun Sie also sich und Ihren Hunden einen Gefallen und bringen Sie ihnen bei, geduldig und flexibel zu sein – und erteilen Sie sich selbst die Erlaubnis, jeden Ihrer Hunde anders zu behandeln, wenn das nötig ist.

Wenn also zwei Ihrer Hunde damit umgehen können, sich frei im ganzen Haus bewegen zu können, der dritte aber gerne Möbel und Wände umgestaltet, ist es dann vernünftig, den Raumdekorateur in eine Box zu sperren? Aber sicher! Wenn einer Ihrer Hunde ständig die Frisbeescheibe für sich in Anspruch nimmt, sodass die anderen nie damit spielen können, ist es dann in Ordnung, mit einem der anderen alleine Frisbee zu spielen? Natürlich! Wenn es Ihnen großen Spaß macht, einen langen Sonntagsspaziergang mit einem Ihrer Hunde zu machen, der gleiche Spaziergang mit zwei oder drei oder noch mehr anderen Hunden aber eine Strafe für Sie ist, dann gehen Sie mit dem einen Hund und lassen Sie die anderen zuhause. Das ist in Ordnung!

Wenn einer Ihrer Hunde im Bett schläft und das keine nachteiligen Auswirkungen auf sein Verhalten hat, das bei Ihren anderen Hunde aber zu einer etwas übersteigerten Einschätzung der eigenen Wichtigkeit führt, müssen dann alle Hunde auf dem Boden schlafen? Nicht unbedingt! Das Thema »Hund im Bett« wird in meinen Beratungsstunden häufig angesprochen und ist meistens sehr emotionsbelastet. Ob es in Ordnung ist oder nicht, wenn der Hund auf dem Bett schläft, ist schwierig zu bestimmen, weil es von Hund zu Hund und von Familie zu Familie so unterschiedlich ist. Bei manchen Familien funktioniert es wunderbar, wenn einige Hunde auf dem Bett schlafen und andere unten bleiben müssen.

Treffen Sie diese Entscheidung immer individuell nach Ihren Hunden und nicht nach der Vorstellung, dass alle gleich behandelt werden müssten.

Status

Ein Teil der Probleme, die sich unter Familienhunden ergeben, sind manchmal das Ergebnis von Verwirrung hinsichtlich der sozialen Ordnung, gern als »Rangfolge« bezeichnet. Ein Problem als »statusbezogen« zu bezeichnen (häufig wird in diesem Zusammenhang auch der Begriff »Dominanz« benutzt, jedoch selten korrekt) ist aber vermutlich die häufigste Fehldiagnose bezüglich Hundeverhalten überhaupt. Viele Hundebesitzer glauben oder haben gesagt bekommen, dass ihr Hund ein »Dominanzproblem« hätte, was aber gar nicht zutrifft. Trotzdem kommen statusbezogene Probleme natürlich vor, und die Tatsache, dass dieses Problem häufig fälschlich diagnostiziert wird, ist kein Grund dafür, das gesamte Konzept als solches zu verwerfen. Zwischen den Mitgliedern sozialer Gruppen, selbst wenn diese aus Angehörigen verschiedener Arten bestehen, sind Konflikte unvermeidlich.

Eine Möglichkeit, mit solchen Konflikten ohne Aggression umzugehen, ist es, eine sehr klare soziale Ordnung zu haben, in der die jeweilige Position der Mitglieder in Bezug auf die anderen jedem Gruppenangehörigen klar ist. Für alle, die mehr als einen Hund besitzen, ist es deshalb ein wichtiges Managementwerkzeug, ihren Hunden die Position im Haushalt mitzuteilen. Arbeiten Sie daran, zu einer wohlwollenden Führungspersönlichkeit zu werden und lassen Sie Ihre Hunde spüren, dass sie sich auf Sie verlassen können und dass Sie die Verantwortung und Führung übernehmen werden, wenn es nötig sein wird.

Hierarchisch geordnete soziale Strukturen bestehen nicht nur einfach aus »dem Dominanten« und dem Rest des Rudels. Die Struktur ist viel komplexer. In sozialen Gruppen von Arten wie Menschen und Hunden scheinen die meisten Aggressionen im »mittleren Management« stattzufinden oder unter hochrangigen Mitgliedern, die selbst vielleicht gar nicht dominant sind, aber vorrangigen Zugang zum Geschäftsführer oder zum Vorstand haben. Wenn es Ihnen gelingt, Ihre Hunde von dem Glauben abzuhalten, sie würden in eine dieser Kategorien gehören, können Sie sehr viel Spannung und Aggression aus der Gruppe herausnehmen.

Wenn zum Beispiel drei Ihrer Hunde glauben, dass sie miteinander um Plätze Nummer zwei, drei und vier in der Rangordnung konkurrieren, dann gibt es eine Menge, um das sich zu kämpfen lohnt. Schließlich ist eine Silbermedaille bei den Olympischen Spielen mehr wert als eine Bronzemedaille. Wenn Ihre Hunde aber lernen, dass die »Beta-Kategorie« in der Rangordnung (Nummer zwei – direkt hinter Ihnen, dem oder der Alpha!) nicht zugänglich ist, dann lassen die Spannungen nach und sie können sich damit abfinden, unter »ferner liefen« zu figurieren – unter denjenigen, die zwar teilnehmen, aber nicht um Medaillen kämpfen. Vieles in diesem Büchlein wird Ihnen beim Aufbau einer sozialen Struktur helfen, in der es keine Schlupflöcher für Beta-Individuen gibt.

Die beste Möglichkeit zur Vorbeugung statusbezogener Aggression ist es, eine ruhige und selbstsichere Führungspersönlichkeit zu sein, die wohlwollende Macht ausstrahlt. Das können Sie erreichen, indem Sie Ihren Hunden Grenzen setzen, ohne sie dabei einzuschüchtern und indem Sie sie lieben, ohne sie zu verziehen. Sie lernen, für das zu arbeiten, was sie haben möchten und höflich zu sein. Wenn Ihre Hunde lernen, dass sie im Leben mit rüpeligem, rücksichtslosem, konkurrierenden Verhalten »gewinnen« können, werden Sie bald ein Rudel sehr ungezogener Hunde haben, mit dem das Zusammensein nicht viel Freude macht. Wenn sie aber merken, dass Geduld und Höflichkeit ihnen Zugang zu Futter, Spielsachen, Spaß, Spiel und Ihrer Zuneigung eröffnet, wird das Leben in Ihrem Haus mit viel größerer Wahrscheinlichkeit dem entsprechen, was Sie sich vorgestellt haben. Sie selbst können eine Gesellschaft fördern, in der jedes Individuum Vorteile davon hat, höflich zu sein und in der es verliert, wenn es unhöflich ist.

Verhindern Sie also, dass Ihre Hunde sich benehmen wie verwöhnte Prinzchen und Prinzessinnen, denen man jederzeit jeden Wunsch erfüllt, wenn sie förmlich nur mit dem Fuß beziehungsweise der Pfote aufstampfen. Sie können liebevoll und wohlwollend sein und dabei trotzdem der- oder diejenige, der entscheidet, wann es Abendessen gibt, wann gespielt werden darf und wann die Hunde gestreichelt werden. Wenn Ihr Hund Ihnen zwischen die Beine läuft, sobald Sie zur Haustür hinausgehen, jedes Mal Ihre Aufmerksamkeit bekommt, wenn er sie einfordert und derjenige ist, der entscheidet, wann gespielt wird – warum sollte er dann auf Sie hören, wenn er sich gerade ein Kämpfchen mit dem neuen Hund liefern möchte, den Sie eben mit nach Hause gebracht haben?

Damit Sie rüpeliges Verhalten unter Kontrolle bringen, üben Sie die Gedulds- und Toleranzlektionen aus diesem Buch, wie zum Beispiel »Gruppen-Aus« oder »Gruppen-Bleib«. Manche Hunde lernen diese Lektionen leichter als andere. Für manche sind Geduld und Höflichkeit etwas sehr Natürliches, für andere kann es ein echter Kampf sein, sich sie anzueignen – so, wie es manchen Leuten sehr leicht fällt, ihren Ärger unter Kontrolle zu halten und andere ihr Leben lang damit kämpfen. Außerdem können manche Hunde besser mit Frustration umgehen als andere und wieder andere warten ganz einfach zufrieden, bis sie an der Reihe sind. Deshalb ist es so wichtig, dass Sie mit jedem Hund einzeln arbeiten und bereit sind, besonders viel Mühe in diejenigen zu investieren, für die diese Lebenslektionen schwieriger zu schlucken sind. Jeder Hund lehrt uns irgendetwas ganz Besonderes, und vielleicht ist einer Ihrer Hunde auch derjenige, der Ihnen Geduld beibringt. Ironie des Schicksals, oder?

ES WIRD PRAKTISCH: ÜBUNGEN FÜR DAS RICHTIGE LEBEN

Body Blocks

Das Verhalten Ihrer Hunde kontrollieren zu können, ohne sie dazu anfassen zu müssen, ist ein Ziel, in das Zeit und Mühe zu investieren sich lohnt. Wenn Sie sich auf Halsband und Leine oder eine Erziehung verlassen, die den Hund ständig körperlich berührt, werden Sie niemals die Art von jederzeit und an jedem Ort abrufbare Kontrolle über Ihren Hund bekommen, die wir uns doch alle so sehr wünschen. Und die wir alle brauchen, wenn wir viele Hunde haben. Manche Hunde betrachten die Leine als ein Signal, auf ihren Halter achten zu müssen, überhören aber Kommandos wie »Sitz«, »Bleib« oder »Hier« konstant, wenn die Leine nicht im Spiel ist. Dabei üben Hunde oft ein unglaubliches Maß an Kontrolle und Einfluss auf das Verhalten anderer Hunde aus, und das alles ganz ohne Leinen, Halsbänder oder gegenseitiges Festhalten. Aber wie machen sie das bloß?

Ein einflussreicher Hund kontrolliert die Bewegungen eines anderen Hundes, indem er den Raum um diesen herum kontrolliert. Er stellt seinen Körper vor einen anderen Hund, blockiert den Weg, den er nach seiner Vorstellung nicht nehmen soll und lässt den Weg offen, auf den er ihn haben möchte. Er teilt ihm mit: »Nicht diesen Weg, nimm einen anderen.« Hütehunde sind besonders gut in diesem »Raummanagement« und wenden es außer auf Hunde auch auf andere Tiere an. Arbeitende Border Collies bewegen ständig andere Tiere, ohne sie anzufassen. Sie tun das, indem sie Raum für sich beanspruchen. Es funktioniert so ähnlich, wie Verteidiger im Fußballspiel eher den Raum vor dem Tor für sich beanspruchen anstatt zu versuchen, das Verhalten des Balles direkt zu kontrollieren.

Wenn ein Hund seinen Körper zur Kontrolle des Raums einsetzt, aber ein anderer Hund trotzdem weitergeht, dann wird ein selbstbewusster Hund stehen bleiben. Er wird nicht versuchen, einem Zusammenstoß auszuweichen, sondern einfach weiterhin den Raum für sich beanspruchen wollen. Manche Hunde gehen sogar so weit, andere Hunde absichtlich wegzuschubsen. Natürlich möchten wir nicht, dass Sie Ihren Hund wegschubsen. Aber es ist sehr hilfreich, wenn Sie diese Art von Raummanagement zu einem Bestandteil Ihrer Kommunikation mit Hunden machen.

Konzentrieren Sie sich auf die Tatsache, dass Bewegungen Ihres Oberkörpers für den Hund viel leichter verständlich sind als Bewegungen Ihrer Hände. Hunde benutzen nicht ihre Pfoten, um einen anderen Hund zu kontrollieren, sondern ihren ganzen Körper. Um so effektiv wie möglich zu sein, sollten Sie deren Beispiel folgen und ihren Oberkörper anstatt ihrer »Pfoten« einsetzen, wenn Sie Körperkontakt einsetzen müssen, um das Verhalten Ihres Hundes zu beeinflussen. »Heulen Sie mit den Wölfen« – machen Sie es wie die Hunde, und Sie werden erstaunt sein, was Sie erreichen können! Mit ein paar kleinen Änderungen unter Berücksichtigung der menschlichen Anatomie (insbesondere der Sache mit der Zweibeinigkeit) können die Ablock-Bewegungen der Hunde alle in ein Repertoire an

Verhaltensweisen übersetzt werden, das Sie zur Kontrolle Ihrer Hunde mittels Beeinflussung des Raumes um sie herum einsetzen können.

Wir nennen die gesamte Kategorie dieser Raummanagement-Manöver »Body Blocks«, und wir benutzen sie in ganz unterschiedlichen Zusammenhängen. Damit Sie Body Blocks effektiv einsetzen können, müssen Sie sich der Position Ihres eigenen Körpers im Raum und Ihrer Bewegungen bewusst sein, und zwar auch der seitlichen Bewegungen, des leichten Vor- oder Zurückneigens des Oberkörpers und des tatsächlichen Hinbewegens auf den Hund zu oder des Wegbewegens von ihm. Klingt verwirrend? Body Blocks sind eigentlich ganz einfach zu erklären, wenn man sie vormachen kann, aber sie in Worten zu beschreiben ist ähnlich kompliziert, als wollte man einen doppelten Rittberger im Eiskunstlauf oder ein Korbleger im Basketball in einem Buch erklären. Trotzdem liefern wir hier ein paar Beschreibungen, wie Sie Ihren Körper für unterschiedliche Body Blocks bewegen müssen. Sie werden Ihnen hoffentlich ein klares visuelles Bild davon liefern, was Sie tun müssen und wie.

Nehmen wir an, Sie haben Ihrem Hund »Bleib« befohlen, aber er steht auf und beginnt, den Küchenboden nach heruntergefallenen Brotkrümeln abzusuchen. Wenn er sich dabei von links vorne auf sie zubewegt, kontern Sie mit einer Gegenbewegung in seine Richtung, indem Sie nur einen einzigen Schritt nach vorne-seitlich machen – in den Raum hinein, den er gerade für sich beanspruchen wollte. Das war ein Body Block. Bei vielen Hunden reicht es aus, den Raum zu blockieren, den sie gerade für sich beanspruchen wollten, um sie am weiteren Vorgehen zu hindern. Wenn Ihr Hund jetzt innehält, müssen Sie darauf antworten, indem Sie sich zurücklehnen oder zurückgehen und damit den Druck vom Hund nehmen. Seien Sie aber bereit, sich jederzeit wieder nach rechts oder links zu bewegen, wenn er einen neuen »Durchbruch« versucht. Mit wie viel Vehemenz genau Sie Ihren Raum beanspruchen müssen, hängt ganz von Ihrem Hund ab. Sehr sensible Hunde bleiben schon stehen oder weichen gar zurück, wenn Sie sich nur ein bisschen mit dem Oberkörper vorlehnen. Andere dagegen werden ein reines Vorbeugen vielleicht vollkommen ignorieren und fordern von Ihnen deutlichere Bewegungen, damit sie den Raum freigeben. Aber für jeden Hund gilt: Je schneller Sie reagieren, desto besser. Sobald Sie und Ihr Hund mehr Erfahrung und Übung in dieser Sache haben, reicht es vermutlich, wenn Sie sich ein paar Zentimeter vorbeugen, sobald Ihr Hund erste Anstalten macht, sich aus der »Bleib«-Position zu entfernen. Diese ersten Anstalten können nur ein leichtes Verlagern des Körpergewichts sein. Körperlich robustere, etwas rüpelige Hunde werden Sie anfangs vermutlich ignorieren und trotzdem weiter auf Sie zukommen. Sagen Sie dann nichts, aber »sprechen« Sie weiter mit Ihrem Körper, um weiterhin den Raum zu blockieren, in den Ihr Hund eindringen möchte. Seien Sie immer darauf gefasst, sich blitzschnell nach rechts oder links bewegen zu müssen, und das so lange, bis der Hund den Versuch aufgibt, an Ihnen vorbeizukommen und zu Ihnen hochsieht. In exakt der Sekunde, in der er sich wieder in seine Ausgangsposition des »Bleib« begibt, belohnen Sie ihn mit einem Leckerchen.

Mit Body Blocks können Sie nicht nur ein verlässliches »Bleib« einüben, sondern auch nicht eingeladene Hunde davon abhalten, auf Ihren Schoß zu springen, Ihnen die Vorderpfoten auf die Brust zu stemmen oder Ihnen auf dem Kopf herumzutanzen, so wie gewisse überfreundliche Vierzig-Kilo-Hunde es besonders gerne zu tun pflegen, wenn Sie gerade auf dem Sofa sitzen. Denken Sie wieder daran, dass Hunde nicht ihre Pfoten benutzen, um andere Hunde wegzuschieben. Lassen Sie also Ihre Hände aus dem Spiel, sondern pressen Sie diese lieber bewusst gegen Ihre Brust, beugen Ihren Oberkörper vor und schieben den Hund mit dem Körper weg, so wie Hunde das untereinander auch tun. Auch hier müssen Sie die Intensität Ihrer Bewegungen wieder daran anpassen, wie sensibel der Hund ist. Versuchen Sie diese Technik beim nächsten Mal, wenn Ihnen ein besonders enthusiastischer Hund auf den Schoß zu springen versucht. Verschränken Sie Ihre Arme vor der Brust, noch bevor der Hund bei Ihnen ankommt und beugen Sie sich dann vor, um ihn mit Ihrer Schulter, Ihrem Ellbogen oder Ihrer Hüfte abzublocken und setzen Sie sich sofort wieder aufrecht hin, sobald der Hund zurückgewichen ist. Die meisten Hunde geben nicht sofort auf, sondern versuchen es noch ein paar Mal hintereinander. Immerhin wurden sie ja zuvor lange Zeit für dieses Verhalten belohnt, und sei es nur dadurch, dass man ihnen Aufmerksamkeit entgegenbrachte. Der Schlüssel ist, den Raum für sich zu beanspruchen, bevor der Hund es tut. Genauso, wie Ihre Hunde es untereinander tun, wenn einer dem anderen den Weg zu Ihnen versperrt, indem er sich einfach zwischen Sie und den anderen Hund stellt.

Zusammengefasst lässt sich also sagen: Body Blocks können ganz verschiedene Formen annehmen. Sich Vorbeugen im Sitzen oder Stehen, auf den Hund zugehen oder sich ähnlich wie ein Torhüter benehmen, der von Seite zu Seite springt und dem Hund in den Weg tritt. Was alle diese Manöver gemeinsam haben, ist, dass sie es Ihnen ermöglichen, die Bewegungen Ihres Hundes und sein Verhalten dadurch zu kontrollieren, dass Sie den Raum um ihn und sich herum managen. Hunde reagieren sehr gut auf dieses Raummanagement, vermutlich, weil es ein so natürliches Verhalten für sie ist. Viele reagieren sogar so, als würde förmlich eine Glühbirne in ihrem Kopf angehen, wenn sie das erste Mal mit Menschen zu tun haben, die Body Blocks zeigen. Vielleicht kommt es ihnen so vor, als ob ihre Menschen nun endlich Vernunft angenommen hätten. Natürlich können sie lernen, Menschen zu verstehen – genauso, wie wir eine Fremdsprache lernen können. Aber wie schön ist es doch, auf einer Reise in einem fremden Land plötzlich die eigene Sprache zu hören!

Abgesehen davon, dass Body Blocks für Hunde verständlich sind und deshalb effektiv funktionieren, haben sie aber auch noch weitere Vorteile. Sie können sie jederzeit und überall einsetzen. Das einzige Werkzeug, das Sie dazu brauchen, ist Ihr eigener Körper, den Sie vermutlich immer bei sich haben, selbst an besonders hektischen Tagen. Keine Leinen, keine Halsbänder und keinerlei sonstigen Hilfsmittel sind nötig. Body Blocks stehen Ihnen immer zur Verfügung. Und sie bewahren Sie davor, Hunde zu haben, die nur dann reagieren, wenn Sie beide angeleint sind. Außerdem wird Ihr Hund auch nicht Ihre ausgestreckte Hand meiden, wie das häufig Hunde tun, die mit anderen Methoden trainiert wurden.

Weil Body Blocks in so vielen verschiedenen Situationen nützlich sind, werden sie in diesem Buch noch häufiger vorkommen. Setzen Sie sie für sich auf Ihre Liste der Dinge, die Sie wirklich *beherrschen* sollten – und Sie werden feststellen, dass Ihre Trainingsmöglichkeiten ungemein bereichert werden.

Wenn jemand anderes der Star des Abends ist

Eine der vielen Situationen, mit denen ein Hund in einem Mehrhunde-Haushalt umzugehen lernen muss, ist: Zusehen, wie ein anderer Hund Aufmerksamkeit oder Leckerchen bekommt. Wie bringt man einen Hund dazu, diese grausame, aber wahre Tatsache des Lebens zu akzeptieren? Ganz einfach: Bestärken Sie einen Hund für das Warten, während ein anderer von Ihnen Aufmerksamkeit bekommt. Bringen Sie jedem Hund bei, dass gute Dinge geschehen, wenn er im »Bleib« verharrt, während ein anderer Hund beachtet wird. Beginnen Sie damit, sobald der Hund verlässlich das »Bleib« beherrscht. Sagen Sie dann einem Hund, dass er sich gleich neben Sie oder hinter Sie setzen und dort bleiben soll. Dann geben Sie Ihrem anderen Hund, der ein paar Schritte von dem wartenden Hund entfernt ist, ein paar Sekunden (nicht mehr!) Aufmerksamkeit und Streicheleinheiten. Dann wenden Sie sich dem wartenden Hund zu, loben Sie ihn mit ruhiger Stimme, geben Sie ihm ein Leckerchen und entlassen Sie ihn aus dem »Bleib«. Wiederholen Sie das zwei bis drei Mal pro Übungseinheit.

Wenn der Hund aus dem »Bleib« aufsteht, schicken Sie ihn mit einem Body Block dorthin zurück. Verlässt er seine Position trotzdem wiederholt, machen Sie die Aufgabe einfacher für ihn, indem Sie zuerst »Bleib« in einer Umgebung mit weniger Ablenkungen mit ihm üben oder nur eine kürzere Zeit des Bleibens verlangen, bevor Sie ihn belohnen.

Wenn Sie die oben beschriebene Übung ein- oder zweimal erfolgreich gemacht haben, versuchen Sie diese Variante: Wenn Sie sich wieder dem im »Bleib« wartenden Hund zuwenden, loben Sie ihn und geben ihm ein Leckerchen, entlassen ihn aber dieses Mal nicht aus dem »Bleib«. Schenken Sie Ihre Aufmerksamkeit stattdessen wieder für ein paar Sekunden lang dem anderen Hund, während der erste weiter im Sitzen wartet. Dann erst wenden Sie sich wieder dem sitzenden Hund zu, loben ihn, geben ihm die Futterbelohnung und lassen ihn frei. Wenn Sie das eine Woche lang zwei oder drei Mal täglich geübt haben, können Sie die Zeit verlängern, die Ihr Hund sitzen bleiben muss, während Sie zwischen beiden Hunden hin- und hergehen. Die Idee dabei ist, dass die Hunde lernen: Es ist prima, Ihnen dabei zuzuschauen, wie Sie sich mit einem anderen Hund beschäftigen, denn das bedeutet, dass gleich tolle Dinge passieren!

Alleine bleiben können

Alle Hunde sollten dazu in der Lage sein, sich entweder in einer Box oder in einem abgetrennten Raum auch einmal selbst zu amüsieren. Damit Sie mit Ihren Hunden einzeln arbeiten können, brauchen Sie einen Platz, an dem die anderen derweil bleiben können. Das kann eine Box sein, ein Wäscheraum, ein Schlafzimmer oder auch ein Außenzwinger. Um Ihren Hund auf einen geschlossenen Bereich (egal welcher Art) zu konditionieren, spielen Sie mit ihm ein Spiel: Lassen Sie ihn drei bis fünf Mal hintereinander hinein- und wieder herausgehen, um Leckerchen zu ergattern, die Sie hineingeworfen haben. Er wird bald lernen, dass es Spaß macht, in diesen geschlossenen Bereich hineinzugehen, weil da drinnen immer etwas Gutes passiert. Spielen Sie dieses Spiel ein paar Tage lang jeden Abend. Machen Sie die Tür dabei noch auf keinen Fall zu, Ihr Hund soll hinein- und herausgehen können, wie er möchte. Sobald er verlässlich hineingeht, beginnen Sie, die Tür nur für eine Sekunde hinter ihm zuzumachen und sie wieder zu öffnen, wenn er sein Leckerchen aufgefressen hat. Nachdem Sie das ein paar Mal wiederholt haben, legen Sie nun einen Kong® mit leckerer Füllung hinein, schließen die Tür und lassen sie geschlossen, solange er damit beschäftigt ist, die Leckereien aus dem Kong® herauszubefördern. Nun haben Sie einen Hund, der freiwillig in einen umschlossenen Bereich hineingeht und sich auch darin wohlfühlt, wenn die Tür geschlossen ist.

Nach etwa einer Woche mehrfachen Übens pro Tag können Sie damit beginnen, den Hund mit einem gefüllten Kong® länger bei geschlossener Tür drinnen zu behalten. Achten Sie darauf, dass er dabei Futter bekommt, das er wirklich gerne mag. Sobald er ganz und gar mit seinem Kong® beschäftigt ist, gehen Sie für dreißig Sekunden weg. Kommen Sie unbedingt zurück, *bevor* er seinen Kong® leergefressen hat, öffnen Sie dann die Tür und nehmen ihm den Kong® ab. So lernt er, dass er dieses ganz spezielle Wunderspielzeug mit Futter darin nur dann bekommt, wenn Sie weggehen. Langsam wird er sich zu fragen beginnen, wann Sie ihn endlich wieder einsperren, damit er weiter futtern kann!

Steigern Sie allmählich die Zeitdauer, die Ihr Hund alleine in dem geschlossenen Bereich bleibt. Wählen Sie dazu eine Tageszeit aus, zu der Ihr Hund vermutlich ohnehin ein Schläfchen halten wird, nachdem er die Leckerchen aus dem Kong® gesaugt hat und lassen Sie ihn dann allmählich immer länger alleine. Wichtig ist, dass Sie sich mit den ersten Schritten, wenn Sie nur ganz kurz weggehen, am längsten beschäftigen. Sobald Ihr Hund dreißig Sekunden, eine Minute und dann fünf Minuten alleine bleiben kann, können Sie das Intervall schneller auf dreißig Minuten, eine Stunde und dann zwei Stunden ausdehnen.

Ob Sie für alle Hunde den gleichen Bereich benutzen oder verschiedene, kommt ganz darauf an, was bei Ihnen am besten funktioniert. Sind Ihre Hunde glücklicher, wenn Sie sie zusammen einsperren, dann arbeiten Sie mit Paaren. Möglicherweise müssen Sie den Vorrat an Leckerchen dann vergrößern, damit er für alle ausreicht. Wenn die Hunde untereinander Futterneid zeigen oder aus irgendeinem anderen Grund besser alleine eingesperrt werden, dann konditionieren Sie jeden von ihnen auf einen anderen Bereich des Hauses. Es ist eine feine Sache, wenn Sie Ihre Hunde einsperren können: Damit haben Sie immer eine praktische Lösung in petto, egal, wie gut erzogen Ihre Hunde auch sind. Schließlich haben wir alle doch hin und wieder mit Situationen zu tun, in denen die Hunde im Weg wären: Verwandte, die Hunde nicht mögen, kommen zu Besuch, der Küchenboden muss neu gefliest werden oder es muss eine neue Haustür eingesetzt werden. (Sie liegen richtig mit der Vermutung, dass diese Beispiele aus meiner eigenen Erfahrung gegriffen sind.)

Tischmanieren

Für viele Hunde ist das Abendessen das Ereignis des Tages. Immerhin ist es das für viele Menschen ja auch – uns inbegriffen! Snoopy hatte sogar seinen eigenen Essenszeit-Tanz, um seiner Freude Ausdruck zu verleihen. In Haushalten mit großen Hunderudeln kann diese Zeit des Tages aber leicht ein klein wenig zu aufregend werden. Was die Essens- beziehungsweise Fressenszeit in Multi-Hunde-Haushalten besonders interessant macht, ist die Frage »Wer bekommt was«. Viele Hunde scheinen der Meinung zu sein, dass das Trockenfutter im Nachbarnapf immer besser schmeckt und betrachten das Ganze unter der Philosophie »Was mein ist, ist mein, und was dein ist, ist auch mein«. Andere Hunde sind sehr besorgt darum, auch schnell genug zu fressen, bevor ein anderer Hund nachsehen kommt, was sie denn da im Napf haben.

Es gibt verschiedene Möglichkeiten, die Zeit der Abendfütterung ein wenig entspannter für alle zu gestalten. Wenn es so chaotisch zugeht, dass Ihre Hunde nicht gefahrlos und bequem in einem Raum fressen können, dann füttern Sie sie unbedingt getrennt. Füttern Sie in verschiedenen Räumen, in ihren Boxen oder weisen Sie jedem eine andere Ecke im Haus zu, in der er sein Abendessen genießen kann. Falls Ihre Hunde zwar problemlos im gleichen Raum fressen, Sie aber das Gefühl haben, dass ein oder mehrere Hunde ein wenig zu schnell nach den Nachbarnäpfen schauen gehen, dann versuchen Sie doch mal, Ihren Hunden »Nachtisch« zu geben.

Mit »Nachtisch geben« meinen wir, dass die Hunde ein Extra-Leckerchen für alternatives Verhalten bekommen – also dafür, dass sie etwas anderes tun, als die noch fressenden Hunde zu belästigen. Bringen Sie zum Beispiel all Ihren Hunden bei, in einen anderen Bereich des Hauses zu gehen, nachdem sie mit Fressen fertig sind, anstatt aus den Näpfen der anderen zu stiebitzen. Sie können ihnen zeigen, dass sie etwas Besseres als die Futterreste der anderen bekommen, wenn sie nach dem Fressen zum Hinterausgang gehen. Anders gesagt: Den Nachtisch gibt es nicht bei den noch fressenden Hunden, sondern er wird an einem anderen Ort serviert.

Um Ihren Hunden das beizubringen, stellen Sie sich zur Fressenszeit in die Nähe desjenigen Hundes, der Ihrer Vermutung nach als Erster seinen Napf leerhaben wird. Locken Sie ihn dann mit einem Leckerchen zur Hintertür (oder wohin auch immer) und von den Näpfen der anderen Hunde weg. Setzen Sie Body Blocks ein, um zu verhindern, dass er unterwegs noch die Nase in die Näpfe anderer steckt. Versuchen Sie, nichts zu sagen, um die ganze Prozedur nett und ruhig zu gestalten. Sobald Sie zum »Nachtischbereich« kommen, geben Sie Ihrem Hund schnell die besonders köstlichen Leckerchen, damit er sich wirklich freut, mitgekommen zu sein. Weil Hunde meistens unterschiedlich lange zum Fressen brauchen, kann es gut sein, dass Sie diese Prozedur alleine bewältigen können. Aber vielleicht haben Sie ja auch Glück und weitere nette Menschen im Haus, die gerne beim Hunde-Nachtisch mitmachen. Jeder kann sich dann um einen Hund kümmern. Wenn Sie Hilfe brauchen, aber nicht genügend Helfer für jeden Hund haben, können Sie Barrieren oder Tore einsetzen, damit die Hunde während des Lernprozesses keinen Fehler machen und nicht wieder zu den Näpfen der anderen gehen. Wiederholen Sie das jeden Abend zur Fressenszeit, bis Ihre Hunde wissen: Es ist wirklich eine prima Idee, nach dem Essen zur Nachtischbar zu gehen!

Anstatt die Hunde nach dem Fressen an einen anderen Ort gehen zu lassen, können Sie ihnen auch alternativ beibringen, an ihren Näpfen zu bleiben, wenn sie mit Fressen fertig sind. Das geht ganz leicht, indem Sie ihnen ein paar Sekunden nach dem Auffressen eine besonders gute Leckerei in den Napf füllen. Warten Sie allmählich immer ein wenig länger, bevor Sie das Leckerchen in den Napf tun – bis alle brav an den Näpfen auf ihren Nachtisch warten.

Besucher begrüßen

Selbst wir, die wir Hunde lieber mögen als Schokolade, sind nicht unbedingt erpicht darauf, an der Haustür von einem Hunderudel wie von einem LKW überrollt zu werden. Einmal angenommen, dass die meisten Besucher das ähnlich sehen, werden Sie bei Ihren Mitmenschen mehr

Beliebtheit genießen, wenn Sie Ihren Hunden höfliches Benehmen an der Haustür beibringen. Das ist nicht nur gut für Ihre menschlichen Freunde, sondern auch für Ihre Hunde. In vielen Fällen von Aggression unter Hunden begann der Kampf in der überschwänglichen Begrüßungssituation von Besuchern an der Haustür. Eigentlich ist die Lösung des Problems einfach: Überlegen Sie, was die Hunde Ihrer Vorstellung nach tun sollen, wenn Besuch kommt und bringen Sie ihnen das dann bei. Schon gut, gut, dass klingt wirklich blödsinnig einfach, aber seltsamerweise ist genau das ein Schritt, den viele zu überspringen scheinen. Aus irgendeinem Grund trainieren wir unsere Hunde endlos lange für Agilitywettbewerbe oder Obedience, aber nicht für gutes Benehmen an der Haustür.

Vier mögliche Herangehensweisen sind:

1. Bringen Sie Ihren Hunden bei, ein paar Meter weit von der Haustür zurückzutreten, bevor Sie diese öffnen.

2. Bringen Sie Ihren Hunden bei, sich an einer bestimmten Stelle hinzusetzen und dort zu warten, wenn Besuch kommt.

3. Bringen Sie ihnen bei, loszulaufen und eins ihrer Spielzeuge holen zu gehen, um so ihre Begeisterung über die Ankunft des Besuchs auf etwas anderes umzulenken.

4. Nutzen Sie das bereits Trainierte und sperren Sie die Hunde in Boxen oder separate Räume, bevor Sie die Besucher ins Haus lassen.

Alle vier Möglichkeiten verhindern, dass die Hunde miteinander um die Aufmerksamkeit der Besucher rangeln und verhelfen Ihren Gästen dazu, sich willkommen zu fühlen, anstatt das Weite suchen zu wollen. Bringen Sie Ihren Hunden bei, das gewünschte Verhalten dann zu zeigen, wenn es an der Türe klingelt oder klopft. Lassen Sie dazu jemanden aus der Familie oder einen Freund klingeln und sagen Sie Ihren Hunden, was sie tun sollen.

Nach vielen Wiederholungen werden Ihre Hunde das Verhalten, das Sie ihnen antrainiert haben, von alleine zeigen, wenn sie es klingeln oder klopfen hören.

Das Drängeln vor der Tür können Sie mit Body Blocks und Leckerchen abstellen: »Schieben« Sie die Hunde mit Ihrem Körper von der Tür zurück und geben Sie ihnen dann eine Bestärkung, wenn sie sich da aufhalten, wo Sie es möchten. In diesem Fall müssen Sie nicht unbedingt »Sitz und Bleib« von Ihren Hunden verlangen, aber ihnen klarmachen, dass sie erst dann in Richtung Türe laufen und den Besuch begrüßen dürfen, wenn Sie es sagen. Dieses Detail erfordert den wenigsten Trainingsaufwand, und wenn man selbst erst einmal mit der Body Block-Technik gut zurechtkommt, ist das Problem meist schnell gelöst.

Wichtig ist, dass Sie dabei die folgenden Schlüsselmomente beachten:

1. Bringen Sie Ihre Hunde zum Zurückweichen von der Tür, indem Sie einfach ruhig so weit auf sie zugehen, dass sie Ihnen Platz machen.

2. Setzen Sie Ihren Körper nach dem Vorbild eines Torwarts ein, um die Hunde nach Bedarf zurückzuhalten.

3. Geben Sie Ihren Hunden viel Bestärkung, wenn sie in dem ihnen zugewiesenen Bereich bleiben.

Arbeiten Sie anfangs mit jedem Hund einzeln. »Blocken« Sie ihn von der Tür weg zu einem Bereich, in dem er von Ihnen belohnt wird. Erst dann fügen Sie einen Besucher mit ins Bild hinzu, der an der Tür stehen bleibt, während Sie den Hund mit Hilfe von Body Blocks von der Tür weglotsen und hin zu dem Bereich, in dem er belohnt wird. Die Wahl der richtigen Belohnung kann dabei sehr entscheidend sein. Wenn Sie erfolgreich gegen ankommende Gäste konkurrieren möchten, müssen Sie sich schon mit so etwas Ähnlichem wie Filet Mignon bewaffnen anstatt mit Weizenkeimen (um Entsprechungen im menschlichen Geschmack zu nennen). Wenn Sie alle Hunde einzeln trainiert haben, arbeiten Sie mit jeweils zwei, dann mit drei Hunden gleichzeitig. Inszenieren Sie das Training so, dass Ihre hundebegeisterten Freunde zu Besuch kommen. Es übt sich besser, wenn Sie selbst entspannt sind und sich ganz der Aufgabe widmen können anstatt ausgerechnet dann, wenn Ihr Chef zum Abendessen kommt.

Den Hunden beizubringen, sich bei der Ankunft von Gästen hinzusetzen und zu warten, funktioniert nach dem gleichen Prinzip. Sie fügen einfach das Kommando »Sitz-Bleib« hinzu, während hilfsbereite Freunde immer wieder für Sie den Besuch spielen. (Sie können anfangs auch mit

Familienmitgliedern üben, die einfach nur rein- und rausgehen, um das Muster zu etablieren.) Achten Sie darauf, die Hunde mindestens zwei bis drei Meter von der Tür entfernt hinzusetzen.

Wenn Sie Hunde haben, die ganz verrückt nach Spielsachen sind, funktioniert die Methode prima, sie nach ihrem Spielzeug zu schicken. Genau wie manche fünfjährigen Kinder jedem gerne ihre Spielsachen zeigen, so können auch viele Hunde nicht widerstehen, ihr Lieblingsspielzeug herbeizuschleppen, wenn sie Besuch begrüßen. Mit solchen Hunden ist das Training einfach. Schicken Sie sie einfach zu ihrem Lieblingsspielzeug, wenn Sie selbst oder jemand anderes ins Haus kommen. Viele ballverrückte Hunde kennen ohnehin schon Worte wie »Hol deinen Ball«. Wenn Sie das jedes Mal dann, wenn Besuch kommt, sagen und anschließend auch mit Ihren Hunden spielen, werden sie sehr schnell lernen, dass Gäste eine lustige Spielzeit bedeuten. Achten Sie darauf, den Hund auch wirklich zu bestärken, wenn er Ihnen sein Lieblingsspielzeug bringt. Wenn Sie ihm das Spielzeug jetzt abnehmen, bestrafen Sie ihn! Wenn Sie aber nun ein kurzes Spielchen mitmachen, dann wird Ihr Hund Ihnen beim nächsten Mal, wenn es wieder an der Türe klingelt, mit höherer Wahrscheinlichkeit wieder sein Spielzeug bringen.

»Wartet!« für die ganze Gruppe

Warum »Alle Warten!« üben?

Wenn einer Ihrer Hunde in seiner Eile, schnell aus der Tür zu kommen, andere Rudelmitglieder über den Haufen rennt, ist er nicht höflich und respektvoll. Wenn Sie all Ihren Hunden beibringen, an der Tür zu warten und nur auf Aufforderung einer nach dem anderen hindurchzugehen, übernehmen Sie die Kontrolle über den Hauseingang und belohnen Geduld und höfliches Benehmen. Das ist die Mühe wirklich wert! Vorbei die Zeiten, in denen Ihre Hunde Sie oder andere Hunde jedes Mal fast umwarfen, wenn Sie die Tür öffneten. Und wenn man dann noch bedenkt, dass viele Raufereien unter Hunden genau in dieser Situation vor der Tür beginnen, dann ist diese Art der Kontrolle eine hervorragende Möglichkeit zur Verhinderung von Problemen. Sie müssen das nicht unbedingt jedes Mal so machen, wenn Ihre Hunde nach draußen gehen, sondern nur oft genug, dass sie Manieren lernen.

»Warte!« einzeln üben

Bevor Sie »Warten!« mit der ganzen Gruppe üben, müssen alle Ihre Hunde alleine warten können. Arbeiten Sie also wieder zuerst mit jedem Hund einzeln. Stellen Sie sich mit dem Gesicht zu Ihrem Hund so zwischen Hund und Tür, dass Sie ihn mit Body Blocks kontrollieren können. Wenn es aus Sicherheitsgründen nötig ist, leinen Sie Ihren Hund an, aber lassen Sie die Leine unbedingt locker. (Am besten funktioniert es übrigens, wenn jemand anderer die Leine hält oder Sie sie am Treppengeländer festbinden, damit Sie sich auf Ihre Körpersprache anstatt auf die Leine verlassen.) Wenn Ihr Hund sich der Türe nähert, gehen Sie auf ihn zu und »schieben« ihn davon weg. Wenn er um Sie herumzukommen versucht, bewegen Sie sich schnell, um ihm wieder den Weg zu versperren. Wenn Sie das richtig machen, werden Sie sich fühlen wie ein Tormann beziehungsweise eine Torfrau beim Eishockey. Sobald Sie ihn etwa ein bis zwei Meter von der Tür weggelotst haben, sagen Sie mit ruhiger Stimme »Warte« und öffnen dann die Tür einen Spalt. Die meisten Hunde stürzen nach vorn, wenn sie sehen, dass die Tür aufgeht. Seien Sie also darauf gefasst, ihm wieder den Weg zu verstellen, wenn er hinausstürzen möchte.

Was Sie tun, hängt vom Verhalten Ihres Hundes ab. Wenn er versucht, sich zur Tür hinauszudrängen, bevor Sie ihm die Erlaubnis dazu gegeben haben, verstellen Sie ihm den Weg oder schließen Sie die Tür, bevor er hindurchschlüpfen kann. (Passen Sie auf, dass Sie die Tür nicht auf Ihren Hund zuschlagen.) Dann »schieben« Sie ihn wieder ein paar Meter weit von der Tür weg. Jetzt geben Sie ihm eine neue Chance, die richtige Wahl zu treffen: Öffnen Sie die Tür wieder ein wenig und machen den Weg frei. Widerstehen Sie der Versuchung, den gesamten Wohnungs- oder Hausflur mit Ihrem Körper besetzen zu wollen. Gehen Sie zur Seite, damit Ihr Hund selbst entscheiden kann, was er tut – warten oder hinausstürmen. Falls er sich für das Warten entscheidet, gehen Sie als Erstes durch die Tür und geben ihn dann frei, indem Sie ihn mit freundlicher Singsang-Stimme beim Namen rufen. Wenn der Name Ihres Hundes nur aus einer Silbe besteht, kann es helfen, ihn zweimal hintereinander zu sagen und die Stimme bei der Wiederholung etwas anzuheben. Bei mehrsilbigen Namen heben Sie Ihre Stimme nach der ersten Silbe an. Der Hund schafft es nur dann, aus der Tür zu kommen, wenn er mit Drängeln aufhört. Das Hinausgehen wird zu seiner Belohnung für das Warten, weshalb Sie in diesem Fall kein

Leckerchen brauchen. Für die meisten Hunde ist Draußensein das größte Leckerchen überhaupt!

Wiederholen Sie diese Übung nicht mehr als drei- oder viermal in jeder Trainingseinheit und enden Sie immer mit einem Erfolg. Beachten Sie, dass »Warte« etwas anderes ist als »Bleib«. »Bleib« bedeutet, so lange an einem Ort zu bleiben, bis man wieder entlassen wird, während »Warte« heißt, dass der Hund sich nicht nach vorn bewegen kann, bis es ihm erlaubt wird. Wenn Sie »Warte« sagen und Ihr Hund sich daraufhin ganz von der Tür wegdreht, ist das absolut in Ordnung. Alles, was Sie möchten, ist ja nur, dass Ihr Hund aufhört, sich durch die Tür zu drängeln, er muss nicht ein festes »Bleib« einhalten. Versuchen Sie zu erreichen, dass Ihr Hund allein auf das Wort »Warte!« hin zögert oder von der Tür weggeht, Sie also Ihren Körper gar nicht mehr einsetzen müssen. Sobald er das konsequent befolgt, sind Sie bereit für den nächsten Schritt.

»Warte« mit mehr als einem Hund üben

Sobald Ihre Hunde einzeln verlässlich warten, ist es an der Zeit, das Warten in der Gruppe zu üben. Hüten Sie sich aber davor, das Warten in der Gruppe ohne Hilfe zu üben, falls Sie je mit ernsthafter Aggression unter Ihren Hunden an der Haustür zu tun hatten. Zur Vorbeugung gegen dieses Problem taugt die Übung aber bestens. Beginnen Sie mit zwei Hunden, auch wenn Sie vielleicht drei oder mehr besitzen. Sagen Sie »Hunde, wartet!« in ruhiger, vernünftig klingender Stimme. Es gibt keinen Grund dafür, grob oder gemein zu klingen. Achten Sie nur darauf, dass Ihre Stimmlage tief ist und Sie die Stimme nicht anheben wie zum Stellen einer Frage. Bedenken Sie, dass dies hier eine neue Situation für die Hunde ist und sie sich nicht unbedingt genauso verhalten werden, wie sie es bis jetzt in den Einzelübungen getan haben. Auch wenn sie beim Üben mit Ihnen alleine keine Anstalten machen, zur Tür hinauszudrängeln, kann es jetzt trotzdem sein, dass sie »sich vergessen« und doch wieder auszubrechen versuchen. Seien Sie also wie zuvor wieder darauf gefasst, Ihre berühmten Body Blocks einzusetzen. In dem Moment, in dem beide Hunde höflich warten, rufen Sie einen von Ihnen mit leiser Singsang-Stimme beim Namen, um ihn freizugeben.

Rufen Sie am besten den Hund, der sich am weitesten von Ihnen weg befindet, damit Sie den anderen notfalls besser mit Body Blocks stoppen können. Nur der gerufene Hund darf nach vorne kommen und zur Tür hinausgehen. Seien Sie darauf vorbereitet, den anderen Hund abblocken zu müssen – er könnte Ihre freundliche Stimme auch auf sich beziehen oder versuchen, dem anderen Hund zuvorzukommen. Sobald der zweite Hund höflich wartet, rufen Sie ihn mit freundlicher Singsang-Stimme und lassen ihn hinaus. Wiederholen Sie die gleiche Übung sofort mit umgekehrter Reihenfolge – jetzt geht der andere Hund zuerst. So wird jeder der beiden Hunde für das Warten bestärkt.

Die meisten Hunde brauchen nicht lange, um dieses neue Spiel zu verstehen. Hunde kennen ihre eigenen Namen in aller Regel genauso gut wie die der anderen Hunde im Haus. Sagen Sie beim Warten in der Gruppe *nicht* »okay!« oder ein anderes allgemeines Auflösungskommando, auch nicht dann, wenn Sie den Namen des Hundes voranstellen.

Eine von uns hatte einmal lange Zeit vergeblich versucht, ihren Hunden klarzumachen, dass »Spot, okay« sich nur auf Spot bezog, aber es klappte einfach nicht. Sobald die Hunde »okay« hörten, kamen sie alle in Bewegung und waren dann sehr verwirrt, von einem Body Block aufgehalten zu werden – wo sie das »okay« doch so deutlich gehört hatten.

Noch mehr Geduld beim Warten in der Gruppe üben

Wenn Sie das Warten in der Gruppe üben, ist es wichtig, dass Sie immer wieder die Reihenfolge ändern, in der die Hunde zur Tür hinausgelassen werden. Die Hunde sollen nie wissen, wer als Nächstes gehen darf. Wer jeweils als Erster gehen darf, können Sie beispielsweise danach entscheiden, welcher Hund gerade am bravsten wartet. Hoffentlich wird dann beim nächsten Mal ein anderer Hund am schönsten warten. Aber variieren Sie die Reihenfolge auch dann, wenn ein bestimmter Hund immer ganz besonders viel Geduld vor der Haustür zeigt.

Warten mit der ganzen Gruppe

Wenn Sie mit allen möglichen Paarkombinationen von Hunden in Ihrem Haushalt geübt haben, versuchen Sie es mit allen möglichen Dreierkombinationen. Sagen Sie »Hunde, warten« und warten Sie, bis alle Hunde Ihnen Folge leisten, indem Sie sie ungestört zur Tür gehen lassen und dabei keinerlei Druck auf sie ausüben.

Möglicherweise müssen Sie wieder auf Ihre Body Blocks zurückgreifen, um das zu erreichen. Lassen Sie dann einen Hund vor, indem Sie fröhlich seinen Namen sagen. Seien

Sie darauf vorbereitet, die beiden anderen eventuell mit Body Blocks zurückhalten zu müssen. Dann geben Sie den zweiten Hund mit seinem Namen frei und sind darauf vorbereitet, eventuell den dritten mit Hilfe eines Body Blocks zurückhalten zu müssen. Schließlich sagen Sie auch den Namen des dritten Hundes und lassen ihn zur Tür heraus.

Steigern Sie allmählich die Anzahl der vor der Tür wartenden Hunde, bis Ihre ganze Meute schön brav geschlossen wartet. Eine wunderschöne Sache! Das alles mag nach sehr viel Arbeit klingen, aber wenn Sie erst einmal damit anfangen, wird es Ihnen vermutlich einfacher vorkommen als Sie dachten. »Warten in der Gruppe« ist nichts, das Sie unbedingt vor jedem Verlassen des Hauses zelebrieren müssen. Machen Sie es aber regelmäßig, damit Ihre Hunde die gelernten guten Manieren beibehalten.

»Lass es!« für die ganze Gruppe

Ist Ihnen Ihr Wurstbrot vom Tisch gefallen? Kein Problem! Wenn Sie und Ihre Hunde das Kommando »Lass es« beherrschen, sagen Sie einfach »Hunde, lasst es!« und die vierpfotigen Ungeheuer werden zurückweichen. Dann können Sie einen Ihrer Hunde hinschicken, das Brot zu holen (indem Sie ihn namentlich dazu auffordern), oder Sie heben es selbst auf. Wenn Ihre Hunde nicht schon aggressiv zueinander sind, kann das Kommando »Lass es« sehr hilfreich zur Vermeidung möglicher Probleme in jeder Gruppe von Hunden sein: Sie lernen, dass sie das Gewünschte dann bekommen, wenn sie geduldig und höflich sind anstatt rüpelhaft und drängelig. Hunden das beizubringen, ist viel einfacher, als Sie denken (ehrlich!), und es ist unendlich praktisch.

»Lass es« mit jedem Hund einzeln üben

Das Kommando »Lass es« bedeutet, dass der Hund vor irgendetwas zurückweichen und es nicht nehmen soll. Manche Halter sagen dazu auch »Aus« – das ist auch in Ordnung, solange es konsequent nur für diese Bedeutung verwendet wird und nicht zum Beispiel auch dazu, dass der Hund etwas hergeben soll, das er schon zwischen den Zähnen hat. Bevor Sie »Lasst es« mit der ganzen Gruppe üben können, muss jeder Hund es einzeln beherrschen. Fangen Sie mit jeweils nur einem Hund an, indem Sie ein kleines, aber schmackhaftes Leckerchen zwischen Daumen und Zeigefinger nehmen. Setzen Sie sich neben Ihren Hund auf den Boden, sodass Sie Ihre Hand leicht auf seine Nasenhöhe halten können. Sagen Sie zuerst »Lass es« und führen Sie die Hand bis zur Hundenase (nicht darüber). Achten Sie darauf, »Lass es« zu sagen, bevor das Futter an der Hundenase ankommt. Halten Sie das Futter nur etwa einen Zentimeter weit von der Nase weg. Wenn der Hund es nehmen möchte, müssen Sie schnell reagieren und Ihre Hand mit einem freundlichen »Nasenstüber« (ohne die Nase wirklich zu berühren) nach vorn schieben, so als würden Sie damit einen Body Block machen. Ziehen Sie die Hand nicht zurück und wiederholen Sie auch nicht »Lass es«, sondern verteidigen Sie den Raum um das Futter herum mit Ihrer Hand.

Genau wie beim Kommando »Warte« ist es vom Verhalten Ihres Hundes abhängig, wie Sie vorgehen müssen. Wenn er nach dem Futter giert, müssen Sie seine Nase in dem Moment, in dem sie vorgeht, sanft mit den Fingern abblocken Falls er aber ein kleines bisschen zurückweicht und aufhört, Druck zu machen, sagen Sie fröhlich seinen Namen und lassen ihn nach vorn kommen, um sich das Leckerchen zu nehmen. Widerstehen Sie der Versuchung, ihm das Leckerchen entgegenzureichen und das Kommando zu wiederholen. Sie versuchen ja, ihm beizubringen, wann er nach vorn kommen und sich etwas nehmen darf (nur mit Ihrer Erlaubnis) und wann er sich zurückhalten muss. Er wird schneller lernen, wenn Sie es ihm überlassen, sich zu bewegen.

Wiederholen Sie das bis zu fünfmal hintereinander pro Übungseinheit und hören Sie mit einem Erfolg auf. Suchen Sie nach dem Moment, in dem Ihr Hund zögert oder vom Futter zurückweicht, wenn er »Lass es« hört, ohne dass Sie ihn noch abblocken müssen. Sobald er zuverlässig wartet, sind Sie bereit für den nächsten Schritt.

Futter auf dem Fußboden

Futter auf dem Fußboden ist etwas ganz anderes als Futter in Ihrer Hand! Bringen Sie Ihren Hunden deshalb »Lass es« in diesem Zusammenhang als eine separate Trainingseinheit bei. Wenn Ihr Hund neben Ihnen ist, sagen Sie »Lass es« und lassen auf Ihrer anderen Seite ein Stückchen Futter auf den Boden fallen. Seien Sie darauf vorbereitet, ihn mit Body Blocks zu stoppen, wenn er in Richtung Futter geht, indem Sie sich wie ein Torwart zwischen Hund und Futter stellen. Wenn er nun innehält, und sei es auch nur für einen Augenblick, sagen Sie seinen Namen und lassen ihn das Futter nehmen. Genau wie bei der Warte-Übung an der Tür bleiben Sie einfach zwischen Hund und Futter auf Posten. Im Idealfall stehen Sie einen Schritt hinter der Linie zwischen Hund und Futter, sind aber allzeit bereit, nach vorn zu treten und abzublocken, wenn der Hund einen Vorstoß macht. Sobald er auf die Worte »Lass es« hin zögert und den Body Block nicht mehr als Erinnerung braucht, können Sie sich allmählich weiter vom Futter wegbewegen. Falls Ihr Hund schon einmal Aggressionen im Zusammenhang mit Futter gezeigt hat, versuchen Sie dies bitte nicht ohne professionelle Hilfe.

»Lass es« mit mehr als einem Hund

Sobald alle Ihre Hunde einzeln zuverlässig »Lass es« befolgen, können Sie das Ganze in der Gruppe üben. Beginnen Sie wie beim Warten mit nur zwei Hunden. Sagen Sie »Hunde, lasst es« in einem etwas tieferen Tonfall. Weil die Situation nun wieder eine ganz neue für sie ist, kann es sein, dass sie nicht genauso reagieren wie dann, wenn sie alleine sind. Seien Sie bereit, jede Vorwärtsbewegung in Richtung Futter abzublocken. In dem Augenblick, in dem beide Hunde innehalten, geben Sie einen von ihnen frei, indem Sie seinen Namen in dieser typischen Singsang-Stimme sagen. Nur der gerufene Hund darf nach vorn kommen und das Futter nehmen. Den anderen halten Sie gegebenenfalls mit Body Blocks zurück.

Wiederholen Sie das Ganze sofort noch einmal und lassen Sie diesmal den anderen Hund das Futter nehmen, damit jeder die Chance hat, fürs Höflichsein belohnt zu werden.

Verbessern Sie die Geduld der Hunde

Wenn Sie »Lasst es« in der Gruppe üben, wechseln Sie immer ab, welcher Hund das Futter bekommt und lassen Sie Ihre Hunde im Unklaren, wer als Nächster das große Los ziehen wird. Genau wie beim Warten in der Gruppe können Sie auch hier danach entscheiden, welcher Hund sich am besten zurückhält, aber auch dann sollten Sie auf alle Fälle so abwechseln, dass jeder Hund einmal drankommt.

»Lasst es« mit der ganzen Gruppe

Wenn Sie mit allen in Ihrem Haushalt möglichen Paarkombinationen von Hunden geübt haben, versuchen Sie die gleiche Übung mit Dreiergruppen. Sagen Sie »Hunde, lasst es« und warten Sie, bis alle drei zögern oder zurückweichen und weder Sie bedrängen noch in Richtung Futter drängeln. Vielleicht müssen Sie einen oder mehrere Hunde mit Body Blocks vom Futter fernhalten. Geben Sie einen Hund frei, indem Sie ihn fröhlich beim Namen rufen. Steigern Sie die Anzahl der beteiligten Hunde allmählich, bis Ihr ganzes Rudel schön brav geschlossen wartet und das Futter liegen lässt.

Spielen

Einer der Vorteile davon, mehrere Hunde zu haben, ist ganz klar: Es ist immer jemand zum Spielen da. Die Hunde haben Bewegung und Spaß am Spielen, während Sie mit einer Tasse Kaffee gemütlich auf der Veranda sitzen und zuschauen. Allerdings kann das Spiel unter Hunden manchmal ganz schön ... na ja, stürmisch werden. Wenn

Ihre Hunde wie in einem Zeichentrickfilm als rotierendes Knäuel von Zähnen, Pfoten und Schwänzen umherrasen, dann ist es nur natürlich, sich zu fragen, ob auch alle überleben werden. Es ist gut, wenn Sie sich Sorgen darum machen, dass Ihre Hunde auf gefahrlose und akzeptable Weise miteinander spielen, denn genau wie bei uns Menschen kann das Spielen manchmal so aufregend sein, dass es von der Bahn abkommt und außer Kontrolle gerät. Wie aber kann man unterscheiden, was einfach nur überschwänglicher Spaß und was die Sorte von Spiel ist, die Schwierigkeiten nach sich zieht? Es gibt viele Variationen im Spielverhalten von Hunden, aber anhand einiger ganz bestimmter Verhaltensweisen können Sie besser beurteilen, ob Ihre Hunde gerade harmlosen Spaß miteinander haben oder ob sich eine Spirale in Richtung Rauferei aufbaut.

An einer guten Art des Spielens nehmen alle Hunde freiwillig teil. Einer jagt dem anderen nach, es ist fröhliches Herumspringen und -rasen im Kreis und auch viel gemeinsames Umherrollen auf dem Boden zu sehen. Manchmal zeigt auch der eine oder andere Hund zwischendrin die typische Spielaufforderungs-Haltung mit hochgestrecktem Hinterteil und einer Art Verneigung vorne, um die Sache in Schwung zu halten. Wenn das Spiel gerade »Umwerfen und Rumrollen« heißt und der eine Hund auf dem Rücken liegt, während der andere steht, wechseln die Hunde in einem harmlosen Spiel immer wieder die Plätze, sodass immer ein anderer oben ist. An einem schönen Spiel machen, wie bereits gesagt, alle Hunde freiwillig mit: Wenn Sie nicht ganz sicher sind, ob das Spiel wirklich noch spielerisch ist, können Sie sie freundlich voneinander trennen und schauen, ob alle gerne weiterspielen möchten. Wenn einer der Hunde sich davonschleicht, wissen Sie, dass das Spiel außer Kontrolle geraten ist.

Viele Hundehalter machen sich Sorgen, weil ihre Hunde beim Spielen so viel ihre Zähne einsetzen, aber das ist unter Caniden ein ganz normaler Teil des Spiels. Diese spielerischen Kämpfchen unter Hunden sind ein bisschen so wie die Ringkampfspiele unter Kindern, wenn jedes versucht, den anderen seine körperliche Überlegenheit zu beweisen. Der Hauptunterschied ist nur, dass die Hunde sich gegenseitig eher spielerisch beißen anstatt den anderen auf den Boden niederzuringen. In einer gut zusammenpassenden Gruppe werden die Hunde viel mit offenem Fang spielen und gehemmte Spielbisse in Richtung Läufe und Pfoten der anderen zeigen. Aber auch wenn es so aussieht, als würden sie sich gegenseitig zu beißen versuchen, sind diese Bisse doch gehemmt und die Fänge bleiben nicht mehr als ein paar Sekunden am gleichen Ort. Die Hunde werden auch höchstwahrscheinlich ihre Pfoten stark gegeneinander einsetzen, aber nicht mit so viel Kraft, dass sie sich verletzen könnten.

Manchmal kann aus einem Spiel aber eben auch ein Kampf werden. Und selbst wenn das nicht der Fall ist, hat mitunter auch nur einer der Hunde Spaß am Spiel und der andere nicht. Unangemessenes Spiel kann viele Formen annehmen, führt aber fast immer dazu, dass mindestens einer der Hunde Angst bekommt, verletzt oder überwältigt wird. Normales Spielen unter Hunden kann so laut werden und so unkontrolliert wirken, dass es manchmal schwer zu unterscheiden ist, ob die Hunde noch spielen oder schon eher kämpfen. Und weil ihre Art zu spielen nunmal größtenteils aus »Scheinkämpfen« besteht, ist nicht leicht zu sagen, was was ist. Es gibt aber einige Dinge, auf die Sie achten können und die Ihnen als Indikator für mögliche Probleme dienen können. Erstens: Wenn ein Hund immer nur oben ist oder ein Hund immer wieder zu entkommen versucht, indem er sich zum Beispiel unter Möbeln versteckt, dann ist das Spiel höchstwahrscheinlich nicht mehr harmlos. Genau wie auf Kinderspielplätzen ist es auch unter Hunden manchmal so, dass die einen auf Kosten von anderen Spaß haben.

Ein anderer Aspekt, den Sie im Auge behalten können, ist: Wie setzen die Hunde im Spiel ihren Fang und ihre Zähne ein? Spielbisse sind ein normaler Bestandteil des Spiels, wenn aber sehr viele dieser Scheinbisse in Richtung Kopf oder Hals gehen oder zu festeren Bissen werden, dann ist das Spiel vermutlich zu grob geworden.

Spielbisse sollten nie länger als ein paar Sekunden dauern. Wenn ein Hund zu grob wird und seine Bisse nicht mehr gut genug hemmt, werden Sie vermutlich hohes Winseln oder Aufjaulen von dem anderen Hund hören. Ironischerweise ist es aber normal, wenn Hunde während des Spiels häufig knurren, das gehört dazu und ist normalerweise kein Anzeichen für Probleme. Wenn aber einer der Hunde zu jaulen beginnt, hat er vermutlich Angst oder Schmerzen, und das ist ein klares Signal dafür, dass Sie eingreifen müssen. (Ein gelegentliches kurzes Aufjaulen kann aber auch einfach nur bedeuten, dass es einen versehentlichen schmerzhaften Zusammenstoß gegeben hat – so, wie wenn man seinem Tanzpartner auf die Zehen tritt. In diesem Fall sollte der andere Hund sofort innehalten, wenn er das »Aua!« seines Spielpartners hört.)

Hören Sie außerdem hin, ob das Knurren während eines Spiels lauter wird und eskaliert. Spielen ist nun einmal aufregend und emotional aufwühlend. Manchmal beginnen Hunde mit den besten Absichten miteinander zu spielen und geraten dann ganz ungewollt in eine Spirale sich steigernder Aggression. Wir kennen das alle gut von großen Sportveranstaltungen, wie die beliebte Redensart »Ich ging zu einer Prügelei und ein Fußballspiel brach aus« sagt. Hören Sie also hin, wenn Ihre Hunde miteinander spielen. Typisches Spielknurren kann ziemlich intensiv klingen und ist nichts, um das man sich Sorgen machen muss. Wenn das Knurren aber immer lauter und betonter wird, sind Sie gut beraten, wenn Sie die Aktivitäten Ihrer Hunde für eine Weile auf etwas anderes umleiten. Wichtig ist, eine Eskalation der Intensität nicht zu überhören.

Ein weiteres mögliches Anzeichen für drohendes Unheil ist, wenn die Hunde während des Spiels länger als ein paar Sekunden auf ihren Hinterläufen stehen. Wenn das längere Zeit so geht und das Knurren lauter wird, haben Sie vielleicht Hunde, die das Spiel ein wenig zu ernst nehmen und versuchen, irgendeinen Konflikt darüber auszutragen. Andere Alarmzeichen, nach denen Sie Ausschau halten sollten, sind: Ein Hund steigt ständig auf den anderen, hält ihn fest oder schiebt ihn beiseite. Hunde, die ständig versuchen, ihre Pfoten, ihren Kopf oder den gesamten Körper quer über die Schultern eines anderen Hundes zu legen, versuchen möglicherweise, einen höheren sozialen Status zu erreichen oder den anderen einfach einzuschüchtern. Achten Sie also auf dieses Verhalten und lenken Sie es um, wenn es wiederholt auftritt. In katzenähnlicher Manier auf andere Hunde zu hüpfen ist eine weitere übliche Art des Spielens, das je nachdem, wie häufig und intensiv es auftritt, akzeptabel ist. Wenn es aber pausenlos wiederholt wird und das »Opfer« zu flüchten versucht, dann unterbrechen Sie das »Spiel« unbedingt!

Selbst wenn Ihre Hunde angemessen miteinander spielen ist es möglich, dass zu viel des Guten zu Schwierigkeiten führt. Es tut Ihren Hunden (und Ihrem Herz) zwar gut, wenn sie miteinander spielen, aber manchmal ist es auch gut, sie voneinander zu trennen und eine Pause machen zu lassen. Es gibt mehrere gute Gründe dafür, warum man das Spiel unter Hunden manchmal unterbrechen oder begrenzen sollte.

Erstens ist es nicht gut für Ihre Hunde, wenn sie ständig miteinander spielen und den ganzen Tag mit ihren Kumpels auf dem Spielplatz verbringen. Sonst werden Sie zum Außenseiter, zum langweiligen Erziehungsberechtigten, der nichts anderes tut als zu reglementieren und zu kommandieren. Wenn die besten Freunde Ihrer Hunde andere Hunde sind und sie den meisten Spaß untereinander haben, wie passen Sie dann noch ins Bild?

Zweitens kann übermäßiges Spiel Hunde zu sehr aufregen und dazu führen, dass aus dem Spiel ein echter Kampf wird. Ihre Hunde brauchen Pausen – selbst davon, zu viel Spaß miteinander zu haben.

Drittens ist es ein absolut guter Grund zum Unterbrechen eines Spiels, wenn Sie davon Kopfschmerzen bekommen oder den Fernseher nicht mehr hören können! Sie müssen kein lautes und aufreibendes Herumtoben nur deshalb ertragen, weil Ihre Hunde Spaß haben. Wenn man sein Zuhause mit anderen teilt, ist es wichtig, Kompromisse eingehen zu können, egal, ob man der gleichen Spezies angehört oder nicht. Natürlich müssen sich Ihre Hunde hin und wieder auch mal so richtig austoben dürfen, aber Sie müssen das nicht immer und ständig tolerieren. Nur zu, trennen Sie Ihre Hunde dann voneinander, wenn Sie das für richtig halten. Sperren Sie sie in verschiedene Hausbereiche, geben Sie ihnen Kauspielzeuge zur Beschäftigung oder legen Sie sie ins »Platz-Bleib«. Es wird ihnen gut tun, eine Pause zu machen – und Ihnen wird es gut tun, sich auch mal um sich selbst kümmern zu können. Später, wenn Sie wieder in der Stimmung sind, Blödeleien zu ertragen und die Hunde Zeit hatten, sich zu beruhigen, können Sie sie weiterspielen lassen.

PROBLEMEN AUS DEM WEG GEHEN

Vorbeugung

Vorbeugung ist ein machtvolles, aktives Trainingsinstrument und nicht etwa eine Angelegenheit für Drückeberger. Wenn Sie an der Korrektur des Verhaltens Ihrer Hunde in einer bestimmten Situation, zum Beispiel beim Begrüßen von Gästen oder während des Fressens arbeiten, dann sollte Vorbeugung immer ein Teil Ihres Plans sein. Es hat rein gar nichts mit »aufgeben« oder »sich vor dem Problem drücken« zu tun, wenn Sie Ihre Hunde getrennt voneinander füttern oder beim Klingeln an der Haustüre nur einen Hund zur Tür gehen lassen, bis alle anderen sich auch als Gruppe benehmen können. Mit durchdachter Vorbeugung und einem Schritt-für-Schritt-Training werden Ihre Hunde sich in Situationen wiederfinden, in denen sie nur gewinnen können. Bringen Sie sie auf Erfolgskurs und verhindern Sie, dass sie schlechte Angewohnheiten entwickeln oder beibehalten. Wenn Sie nicht sicher sind, was in einer bestimmten Situation passieren könnte, ist es in Ordnung, diese Situation erst einmal zu meiden, bis Sie wissen, wie Sie damit umgehen werden. Bringen Sie sich nicht selbst in die Lage »Ich hoffe es wird gut gehen, aber ich habe Angst davor« denken zu müssen. Es ist nicht vergnüglich, gleichzeitig hoffen und fürchten zu müssen.

Einige der **vorübergehenden** Vorbeugemaßnahmen, die Sie versuchen können, sind: Die Hunde getrennt füttern, getrennt oder zu weniger belebten Tageszeiten mit ihnen spazierengehen, einen oder mehrere Hunde in die Box sperren, wenn Sie weggehen, Ihre Hunde mit Hilfe von Gitterelementen voneinander trennen und Gegenstände wie Kauknochen oder Bälle, um die es Streit geben könnte, wegräumen.

Kämpfen im Haus unerwünscht

Was Ihre Hunde lernen müssen, ist: Wenn sie sich gegenseitig bedrohen und miteinander kämpfen, bekommen sie nicht das, was sie sich aus der Situation erhoffen. Ihre Aufgabe ist es, Eskalationen in solchen Situationen zu verhindern und einen Plan für die richtige Reaktion bereitzuhalten, falls Ihre Hunde trotz aller Vorbeugemaßnahmen in einen Kampf miteinander geraten. In den meisten Haushalten bedeutet es nicht gleich eine Krise, wenn gelegentlich einmal geknurrt wird oder die Zähne gezeigt werden. Wenn aber ständig zwischen zwei Hunden ungelöste Spannungen bestehen bleiben, müssen Sie eingreifen, noch lange bevor ein echter Kampf entsteht. Reagieren Sie schnell und entschlossen auf ein tiefes Grollen oder darauf, dass ein Hund auf einen anderen losstürzt. Immer wenn zwei Hunde »etwas miteinander auszumachen haben«, ist jede Art von Drohung – egal ob Knurren, Schnappen oder aggressive Blicke – ein »Vorfall«, und ein Kampf ist nichts weiter als ein eskalierter, außer Kontrolle geratener Vorfall. Was Sie auch tun: Vermeiden Sie es in jedem Fall, laut zu werden und zu schreien. Wenn es Ihnen geht wie den meisten anderen Menschen, müssen Sie sich vermutlich selbst mit der Hand den Mund zuhalten, um nicht laut zu werden. Tun Sie ansonsten das, was auch immer Ihnen dabei hilft, ruhig zu bleiben. Wenn ein ruhiges, tief gesprochenes »Nein« oder »Hey« nicht ausreicht, um die Aggression (oder Drohung) zu stoppen, wird es höchstwahrscheinlich auch nicht helfen, wenn Sie lauter werden. Im Gegenteil, Schreien steigert meistens nur das Drama und macht oft alles schlimmer. Stattdessen ist eine Ablenkung wie »Kommt Hunde, spazierengehen« oder beide Hunde in ein langes »Platz-Bleib« zu legen besser geeignet, die Problemsituation aufzulösen.

Wenn Ihre Hunde tatsächlich in einen Kampf miteinander geraten sollten, müssen Sie sie als Erstes voneinander trennen, um Verletzungen zu verhindern. Je nach Ernsthaftigkeit des Kampfes müssen Sie Body Blocks einsetzen, die Hunde voneinander weg rufen, ein lautes, überraschendes Geräusch machen, um sie zu unterbrechen oder sie mit Körperkraft auseinander ziehen. Es gibt keine vollkommen ungefährliche Methode zum Trennen von miteinander kämpfenden Hunden: Seien Sie sich darüber im Klaren, dass Sie verletzt werden können, wenn Sie es versuchen. Vermeiden Sie es möglichst, die Hunde an den Halsbändern packen zu wollen: Aufgeregte Hunde drehen gern den Kopf nach hinten und beißen, wenn sie so festgehalten werden. Besser ist es, die Hunde an den Hinterläufen oder an der Rute zu packen und auseinanderzuziehen, aber bei größeren Hunden braucht man dazu natürlich zwei Personen. Um sich selbst von Zähnen fernzuhalten, können Sie auch den berühmten Wasserschlauch einsetzen (manchmal funktioniert das sogar), Citronella auf die Hunde sprühen oder in ganz großer Verzweiflung den Feuerlöscher nehmen. Eine meiner Kundinnen hat ihre miteinander kämpfenden Hunde in den Pool gestoßen. Diese Methode funktioniert wunderbar, ist aber leider ein wenig kostspielig, wenn man nicht gerade ohnehin einen Pool zur Hand hat.

Sobald die Hunde sicher voneinander getrennt sind, nehmen Sie eine strenge, aber gefasste Haltung an und teilen ihnen so mit, dass Sie innerlich ganz ruhig sind (auch wenn das nicht stimmt!) und alles unter Kontrolle haben. Denken Sie daran, dass Schreien die Aufregung nur noch steigert. Stellen Sie sich zwischen die Raufbolde und legen Sie beide so weit wie möglich voneinander entfernt, aber noch in Sichtweite ins »Platz-Bleib« – aber nur, wenn Sie sich sicher sind, dass nicht einer von beiden wieder aufsteht und die Streiterei fortführt. Das »Platz-Bleib« kann ein paar Minuten oder eine halbe Stunde lang dauern, je nachdem, welche Zeitspanne Ihre Hunde schon beherrschen. Das »Platz-Bleib« sorgt für Abkühlung der Gemüter, ohne einen der Hunde zu belohnen. Wenn Sie einen Hund aus dem Raum bringen, kann der andere das als »Sieg« für sich auffassen – immerhin hat er es dann geschafft, diesen miesen Köter loszuwerden, und sei es auch nur vorübergehend! Wenn Sie Ihre Hunde aus dem »Platz-Bleib« entlassen, ignorieren Sie sie und trennen sie dann, falls es aus Sicherheitsgründen nötig ist, indem Sie sie in verschiedene Zimmer oder in ihre Boxen sperren. Wenn Ihre Hunde das »Platz-Bleib« nicht beherrschen, trennen Sie sie mit Hilfe von Gittern oder Boxen, aber möglichst immer so, dass sie sich noch weiterhin sehen können.

Wie lange Sie die Hunde ignorieren müssen hängt von der Ernsthaftigkeit des Kampfes ab. Für einen kleineren Übergriff könnten Sie sie beispielsweise eine halbe Stunde lang ignorieren, aber bei einem ernsten Kampf wäre es durchaus angebracht, sie einen ganzen Tag lang zu ignorieren. Ignorieren bedeutet, dass Sie sich zwar im gleichen Raum aufhalten, aber sich aktiv weigern, die Existenz der Hunde zur Kenntnis zu nehmen. Es bedeutet nicht, die Hunde von Ihnen wegzusperren! Falls Sie die Hunde aus Sicherheitsgründen voneinander trennen mussten, gehen Sie zu demjenigen, dessen Verhalten Ihnen am inakzeptabelsten erschien und verlangen Sie ein weiteres »Platz-Bleib«. Loben Sie Ihre Hunde nicht für dieses Platz-Bleib. Hunde, die gerade miteinander gekämpft oder sich bedroht haben, müssen keine anerkennende Stimme hören. Sie sind zu Recht abgestoßen von dem Verhalten, dessen Zeuge Sie eben geworden sind. Wenn sich gerade außer Ihnen noch jemand im Haus befindet, umso besser – dann kann jeder sich um einen Hund kümmern.

Irgendwann in Ihrem Leben hat man Ihnen sicherlich schon einmal den Rat gegeben, »das die Hunde unter sich ausmachen zu lassen«. Ihre Hunde werden aber mehr lernen und das Risiko ist geringer, wenn Sie sich der Situation bemächtigen und inakzeptables Verhalten unterbinden. Genau wie Eltern oder Lehrer einschreiten, um einen Streit zu beenden, unterbrechen auch wir lieber einen Streit unter Hunden, bevor er völlig eskaliert. Dafür gibt es zwei Gründe: Erstens werden Ihre Hunde lernen, dass Kämpfen nicht zu dem gewünschten Ergebnis führt. Es passiert nämlich nur zu leicht, dass ein Hund »gewinnt« und damit lernt, dass Kämpfen eine Erfolg versprechende Strategie ist. Zweitens können Kämpfe zu ernsthaften Verletzungen oder sogar zum Tod führen und tun es auch. Riskieren Sie das nicht. Selbst wenn die Verletzungen nur klein sind und schnell heilen, ist es schrecklich, mit ansehen zu müssen, wie zwei Tiere, die Sie lieben, sich gegenseitig verletzen.

Sie müssen sich also keineswegs schlecht fühlen, wenn Sie einen Kampf erfolgreich beendet haben. Gratulieren Sie sich lieber selbst. Und oft sind die Hunde auch erleichtert anstatt verärgert, dass der Kampf gestoppt wurde. Sind nicht auch schließlich viele Menschen dankbar dafür, wenn gute Kumpel sie festhalten und daran hindern, eine allzu große Lippe zu riskieren? So verlieren sie weder ihr Gesicht noch müssen sie kämpfen.

KOMMEN UND GEHEN

Sie möchten einen weiteren Hund?

Das kann sowohl die beste als auch die schlechteste Idee sein, die Sie je hatten. Ein weiterer Hund im Haus kann die Freuden des Hundebesitzes vervielfachen. Er kann aber auch die dunklen Seiten im Verhalten aller beteiligten Hunde wachrufen und zu Eifersucht, Ungeduld, Frustration, Schlafmangel (bei Ihnen) und sogar Kämpfereien führen.

Wenn Sie darüber nachdenken, einen weiteren Hund in Ihr Haus und in Ihr Leben zu lassen, dann fragen Sie sich vor der Entscheidung, ob diese Idee im Interesse aller Beteiligten ist: Ihrem eigenen, dem Ihrer Hunde, dem es neuen Hundes und dem Ihrer Familie. Auch wenn es noch so verständlich wäre – treffen Sie Ihre Entscheidung für einen weiteren Hund nicht deshalb, weil Sie Ihr Herz an einen Hund verloren haben, der dringend ein neues Zuhause braucht oder der genauso aussieht wie Ihr alter Hund, dessen Verlust Sie gerade betrauern. Die Versuchung, »nur noch einen« zum Rudel hinzuzufügen, ist manchmal sehr groß – aber wir alle haben unsere Grenzen, genau wie unsere Hunde. »Nur einer mehr« macht nur zu oft großes Chaos aus dem, was zuvor ein eingeschworenes Rudel war.

Denken Sie also zweimal nach, bevor Sie Ihr Herz verlieren und stellen Sie sich die folgenden Fragen:

- Wie kommen meine Hunde jetzt im Moment miteinander aus?

- Wie kommen meine Hunde mit anderen Hunden aus, denen sie begegnen?
- Kommt der Hund, über den ich gerade nachdenke, gut mit anderen Hunden aus?
- Habe ich die Zeit, um einen neuen Hund sorgfältig in die Gruppe zu integrieren?
- Habe ich genug Zeit, um eine Beziehung zu dem neuen Hund aufzubauen, indem ich Zeit nur mit ihm alleine verbringe?
- Habe ich zuhause die räumlichen Voraussetzungen, um die Hunde vorerst voneinander getrennt zu halten?
- Sind alle anderen Familienmitglieder auch der Meinung, dass ein weiterer Hund eine gute Idee ist?
- Will ich, dass mein Ehemann / meine Ehefrau wahnsinnig wird?

Neue Hunde miteinander bekannt machen

Um einen neuen Hund auf der richtigen Pfote zu erwischen hilft es, über die Einführung in das bestehende Rudel vorab ein wenig nachzudenken. Ihr Hund oder Ihre Hunde und der neue Hund müssen so etwas ähnliches wie eine Kombination aus Blind Date und arrangierter Heirat über sich ergehen lassen. (Oh hallo! Nett dich kennen zu lernen. Na dann lass uns mal das Leben zusammen verbringen ...) Tun

Sie deshalb Ihr Möglichstes, um eine gute Atmosphäre zu schaffen und die ersten Eindrücke so positiv wie möglich zu gestalten.

Bringen Sie als Erstes so viel wie möglich darüber in Erfahrung, wie der neue Hund bis jetzt mit anderen Hunden zurechtgekommen ist. Wenn sowohl Ihre schon vorhandenen Hunde als auch der neue Hund sich bei Begegnungen mit anderen Hunden sozial und entspannt verhalten, stehen Ihre Chancen gut, dass die Einführung glatt verlaufen wird.

Wird allerdings einer von ihnen ängstlich oder unausstehlich, wenn er einem anderen Hund begegnet, müssen Sie das berücksichtigen und sowohl langsamer als auch vorsichtiger vorgehen. Machen Sie den neuen Hund zuerst mit immer nur einem Ihrer Hunde bekannt, damit er nicht gleich von einem ganzen Rudel überwältigt wird.

Die besten Chancen für ein friedliches und erfolgreiches Kennenlernen haben Sie, wenn sich die Hunde erstmalig »außerhalb des Reviers« begegnen anstatt in Ihrem Haus oder in Ihrem Garten. Eine neutrale Umgebung wie zum Beispiel der Garten des Nachbarn, eine Wiese oder ein Tennisplatz funktionieren am besten. Ideal ist es, wenn sich die Hunde zuerst etwa eine halbe Stunde lang durch einen Maschendrahtzaun oder ein Tor hindurch sehen und beschnüffeln können. Wenn sich dann beide ohne Abgrenzung begegnen, ist der neue Hund schon nicht mehr ganz so aufregend und es ist wahrscheinlicher, dass das Zusammentreffen zu einer positiven Erfahrung für beide wird.

Eine andere Möglichkeit, die Aufregung des Neuen erst ein wenig abklingen zu lassen, ist, mit beiden Hunden zusammen spazieren zu gehen. In manchen Fällen ist es am besten, die Hunde erst so weit auseinander zu halten, dass sie sich nicht begrüßen können. Gehen Sie mit beiden in die gleiche Richtung, vermeiden Sie, dass sie sich gegenseitig anstarren und halten Sie sie anfangs auf mindestens drei Meter Abstand voneinander.

Wenn beide so weit sind, lassen Sie sie sich unangeleint begrüßen. Die Leine führt nur dazu, dass die Hunde unter stärkerer Spannung stehen. (Wenn Kampf oder Flucht die beiden ersten Reaktionen auf eine Situation der Unsicherheit sind und die Leine die Möglichkeit zur Flucht nimmt, dann raten Sie mal, was übrig bleibt?) Aus Gründen der Sicherheit ist also ein großer umzäunter Bereich ideal. Wenn Sie so etwas nicht zur Verfügung haben und es nicht anders geht, als dass die Hunde sich angeleint kennen lernen, dann achten Sie wenigstens darauf, dass die Leinen nicht straff gespannt sind. All diese ganze Spannung an Halsband und Hals setzt sonst die falschen Akzente! Was Sie haben möchten, ist ein fröhliches, entspanntes, sorgenfreies Kennenlernen und nicht »Oh mein Hals, arrgghhhh!«

Vermeiden Sie bei der Auswahl des Kennenlern-Platzes besonders spannungsgeladene Orte wie Tore, Türen, Hausflure, Hofeinfahrten oder eng begrenzte Räume. Je mehr sich die Hunde frei bewegen können, desto wahrscheinlicher ist es, dass sie gute Erfahrungen machen. Berücksichtigen Sie beim Nachdenken über diesen Freiraum auch, wie sehr anwesende Personen den Raum wiederum beeinflussen können, der den Hunden zur Verfügung steht. Verhindern Sie, dass Menschen in engen Kreisen gedrängt um die Hunde herumstehen und achten Sie darauf, dass die Hunde wirklich Platz haben, um sich zu bewegen. Wenn sie beginnen, sich gegenseitig zu beschnüffeln, rufen Sie sie auseinander und bewegen Sie sich ein, zwei Minuten lang umher. Indem Sie sich von den Hunden weg bewegen, können Sie Spannung abbauen und die Stimmung entspannt halten.

Falls die Hunde gleich miteinander zu spielen beginnen und alles perfekt erscheint, lassen Sie sie ein paar Minuten lang miteinander spielen und beenden Sie dann die Sitzung. Schließlich möchten Sie, dass die erste Begegnung mit einer guten Erfahrung endet und so, dass jeder Hund den anderen am liebsten so schnell wie möglich wiedersehen will. Riskieren Sie nicht, dass die neue Bekanntschaft einen faden Beigeschmack bekommt, indem Sie das erste Treffen so lange dauern lassen, bis irgendetwas Dummes passiert.

Wenn Sie guten Grund zu der Annahme haben, dass es Probleme geben wird oder einfach nicht wissen, was Sie erwartet, dann ist die beste Strategie, so radikal das auch klingen mag, beide Hunde an Maulkörbe zu gewöhnen und die erste Begegnung damit stattfinden zu lassen. So werden nicht nur Verletzungen unwahrscheinlicher, sondern Sie selbst haben mehr Ruhe und Vertrauen, um selbst entspannt bleiben zu können und Ihre Anspannung nicht auf die Hunde zu übertragen.

Wenn sich die Hunde auf fremdem Territorium kennen gelernt haben, ist der nächste Schritt, dass Sie sich bei Ihnen zuhause begegnen. Lassen Sie diese Begegnung am besten zuerst einmal draußen im Hof stattfinden, besonders, wenn dieser umzäunt ist. Dann erst treffen sich die Hunde im Haus. Beginnen Sie, indem Sie die alteingesessenen Hunde aus dem Haus bringen und dann den neuen Hund zuerst hereinlassen, denn wenn ein neuer Hund ins Haus hineinkommt, ist das immer eine sehr spannungsgeladene Situation. Wenn ein neuer Hund das Haus betritt ist die Wahrscheinlichkeit, dass es Schwierigkeiten gibt, viel größer als dann, wenn Ihre »alten« Hunde beim Hereinkommen einen anderen Hund vorfinden. Halten Sie diese ersten Treffen kurz (höchstens ein paar Minuten), damit die Hunde von den neuen sozialen Aufgaben, die an sie gestellt werden, nicht überfordert werden.

Betrachten Sie diese Richtlinien zur Einführung eines neuen Hundes in ein Rudel bitte als einen groben Generalplan. Wie überall wird es Ausnahmen davon geben. Wenn Sie Probleme befürchten oder der Meinung sind, dass eine ganz andere Methode zum Bekanntmachen der Hunde viel besser funktionieren wird, bitten Sie einen Profi, Ihnen bei den ersten Treffen behilflich zu sein. Die erste Begegnung kann die Grundstimmung für die ganze nachfolgenden Beziehung schaffen – tun Sie deshalb alles in Ihrer Macht stehende, damit das erste Treffen so positiv wie möglich verläuft.

Seien Sie vorsichtig mit dem Alleinlassen der Hunde, solange die Beziehung noch neu ist. Lassen Sie anfangs nicht einfach alle miteinander alleine, wenn Sie aus dem Haus gehen. Trennen Sie sie mit Gittern oder sperren Sie sie in verschiedene Räume oder in ihre Boxen. Beginnen Sie sofort mit all den Übungen, die wir zu Beginn dieses Büchleins besprochen haben, einschließlich des Alleinebleibens. Sofort den richtigen Start zu finden kann Wunder dabei wirken, die Harmonie zu schaffen, die Sie sich wünschen (und die Sie verdienen). Wenn Ihr neuer Hund bis jetzt ein schweres Leben hatte, dann widerstehen Sie der Versuchung, ihn jetzt besonders stark zu »bemuttern«. Das wird seine schmerzhafte Vergangenheit nicht ungeschehen machen, ihm möglicherweise aber seine Zukunft verderben.

Anzeichen, die auf ernsthafte Probleme hindeuten können

Wir haben dieses Büchlein mit der Absicht geschrieben, dass Sie noch mehr Spaß an Ihren Hunden haben sollen und die Spannungen, die vielleicht zwischen Ihren Hunden be- oder entstehen, sich verringern. Wenn die Probleme unter Ihren Hunde mit ernsterer Aggression zu tun haben, kann dieses Büchlein Ihnen zwar immer noch Rat geben, aber wir raten Ihnen dann dringend, sich von einem kompetenten Trainer oder Verhaltenstherapeuten beraten zu lassen. Unten finden Sie eine Auflistung der Anzeichen, die auf ernsthafte Probleme zwischen Ihren Hunden hindeuten können.

Nicht alle der aufgeführten Möglichkeiten müssen unbedingt bedeuten, dass Ihre Hunde ein Aggressionsproblem haben. So haben zum Beispiel viele von uns Hunde, die ein wenig eifersüchtig werden, wenn wir uns um andere Hunde kümmern. Geraten Sie nicht gleich in Panik, wenn Sie einige der harmloseren Symptome bei Ihren Hunden erkennen, aber bleiben Sie achtsam und beobachten Sie, ob irgendwelche Spannungen sich verstärken.

- Ein Hund drängelt die anderen andauernd zur Seite, um von Ihnen gestreichelt zu werden und Aufmerksamkeit zu bekommen.
- Ihre Hunde verteidigen die Futternäpfe voreinander.
- Ihre Hunde stehen während des Spielens sehr oft auf den Hinterläufen.
- Ein Hund scheint »eifersüchtig« zu sein, wenn Sie sich um einen anderen kümmern.
- Ihre Hunde scheinen sich ständig gegenseitig argwöhnisch zu beobachten.
- Ein Hund verteidigt Sie wie einen Kauknochen vor den anderen Hunden.
- Zwischen zwei oder mehreren Ihrer Hunde werden häufig »böse Blicke« gewechselt.
- Sie selbst sind ängstlich und angespannt, was wohl zwischen Ihren Hunde passieren könnte.
- Ihre Hunde zeigen sich gegenseitig in steifen Körperhaltungen.
- Ein Hund drangsaliert die anderen, indem er ihnen alle Knochen und Spielsachen wegnimmt.
- Ein Hund hindert einen anderen daran, sich im Haus frei bewegen zu können.
- Einer der Hunde schleicht sich durchs Haus und versucht, einem anderen aus dem Weg zu gehen.

- Ihre Hunde knurren sich an, schnappen, zeigen die Zähne oder springen aufeinander los.
- Und, natürlich: Ihre Hunde kämpfen miteinander.

Ein neues Zuhause

Eins der am schwierigsten zu behandelnden Verhaltensprobleme hat damit zu tun, wenn in ein und demselben Haushalt lebende Hunde sich so benehmen, als würden sie sich gegenseitig verachten. In manchen Fällen sind die Hunde willens, sich ernsthaft zu verletzen oder setzen sogar ihr eigenes Leben aufs Spiel, um den Rivalen zu eliminieren. In sehr ernsten Konflikten verlässt entweder ein Tier das Rudel dauerhaft oder wird getötet. Besonders für rivalisierende Hündinnen trifft das zu. Weil ein so verfolgter Hund aber nicht fliehen kann, wenn er muss, ist die Abgabe in ein neues Zuhause manchmal das beste, was Sie für ihn tun können. Das kann zwar für uns selbst sehr hart sein, aber wichtig ist doch, einmal über die Lebensqualität nachzudenken, die jedes Tier bei uns zuhause hat. Während die im Haus lebenden Menschen möglicherweise jeden Hund als liebevollen und vollwertigen Bestandteil der Familie erleben, kann es sein, dass die Hunde selbst die Dinge ganz anders empfinden. Genau derjenige Hund, den Sie als freundlich und anhänglich wahrnehmen, kann für einen anderen Hund im Haus der gefährliche Rowdy überhaupt sein. Wenn einer Ihrer Hunde geduckt im Haus umherschleicht, manche Hausbereiche ganz meidet und ständig auf der Hut ist, wo sich der andere Hund gerade befindet, dann ist es um die Lebensqualität dieses Hundes nicht sehr gut bestellt.

Wir wissen, dass man nur zu leicht in eigenen Schuldvorwürfen ertrinkt, wenn man über die Abgabe eines Hundes nachdenkt. Es kommt einem so vor, als würde man einen besten Freund oder ein Familienmitglied verraten. Aber denken Sie an die Verantwortung, die Sie damals zusammen mit dem Hund, als er zu Ihnen kam, übernommen haben. Verantwortungsvolle Hundebesitzer erklären sich bereit, im besten Interesse ihrer Tiere zu handeln und alles in ihrer Macht Stehende zu tun, damit sie das bestmögliche Leben leben können. Manchmal ist dieses bestmögliche Leben eben nicht ein Leben mit Ihnen. Ihr Haus, Ihre Familie und Ihre Tiere können ein wunderbarer Ort für manche Tiere sein, für andere eben aber vielleicht nicht. Wenn das der Fall ist, kann es eine sehr verantwortungsvolle Handlung sein, einen geliebten Hund in ein neues Zuhause abzugeben – und das Humanste und Liebevollste, was Sie für einen Hund tun können. Wenn Sie lebenslange Verpflichtungen für ein Tier übernommen haben, bedeutet das manchmal auch die Überlegung und Erkenntnis, dass Ihr Zuhause – ganz ohne irgendeine Schuld Ihrerseits – nicht die ideale lebenslängliche Umgebung für einen bestimmten Hund sein kann. Eine von uns hat bereits selbst mehrere Hunde abgegeben und unter unseren Hunden sind aktuell drei, die wir als Erwachsene von anderen übernommen haben. Wenn wir uns also dafür aussprechen, Hunde unter bestimmten Umständen besser abzugeben, dann tun wir das aus sehr reeller und persönlicher Erfahrung.

...UND ZUM SCHLUSS:

Sie müssen uns nicht erzählen, dass es (1) wundervoll sein kann, mehr als einen Hund zu besitzen und (2) eine ungeheure Herausforderung sein kann, mehr als einen Hund zu besitzen. Unsere Hoffnung ist, dass der in vielen Jahren und Beratungsstunden entwickelte Plan zum Management von Multi-Hunde-Haushalten aus diesem Büchlein auch bei Ihnen bewirkt, dass das Wundervolle der Herausforderung gegenüber bei Weitem überwiegt. Wir wünschen Ihnen von Herzen, dass sie alles Vergnügen der Welt mit allen Ihren Hunden erleben.

BUCHEMPFEHLUNGEN DER AUTORINNEN

Suzanne Clothier: Es würde Knochen vom Himmel regnen. Animal Learn Verlag, 2004.

Stanley Coren: Die Geheimnisse der Hundesprache. Franckh Kosmos Verlag, 2002.

Jean Donaldson: Hunde sind anders. Franckh Kosmos Verlag, 2000.

Patricia McConnell: Das andere Ende der Leine. Kynos Verlag, 2004.

Patricia McConnell: Die Hundegrundschule. Kynos Verlag, 2008.

Karen Pryor: Clicker – Positives Lernen für den Hund. Kynos Verlag, 2002.

Karen Pryor: Positiv bestärken, sanft erziehen. Franckh Kosmos Verlag, 1999.